¡Gramática!
de la lengua española

Mit Vergleichen zur deutschen, englischen, französischen und lateinischen Grammatik

Übungsheft

von
Rudolf Dorn
Gemma Linares
Lothar Schroeder

Ernst Klett Verlag
Stuttgart · Leipzig

Bildquellennachweis

Umschlag: iStockphoto (Nikada, München) **U1.1;** Mauritius Images (Alamy), Mittenwald **U1.2;** PantherMedia GmbH (nito500), München **U4.1;**

akg-images (De Agostini Picture Lib.), Berlin **62.1;** Avenue Images GmbH (Imgram Publishing) **38.1;** (Ingram Publishing) **80.1;** (stock disc), Hamburg **41.1;** BigStockPhoto.com (Freeflyer), Davis, CA **25.1;** creativ collection Verlag GmbH, Freiburg **64.1;** Das Fotoarchiv RF (RF), Essen **33.1;** dreamstime.com (Ericcrama) **11.1;** (Jenkedco) **12.1;** (Marc Slingerland) **30.3;** (Photomak), Brentwood, TN **12.2;** Fotolia.com (dalaprod) **60.3;** (dulsita) **79.1;** (Klaus-Peter Adler) **58.1;** (masterric3000) **43.1;** (moonrun) **14.4;** (nikkytok) **57.1;** (robynmac) **66.2;** (Santiago Cornejo), New York **37.3;** Fotosearch Stock Photography (Brand X Pictures) **20.1;** (liquidlibrary), Waukesha, WI **61.1;** Geoatlas, Hendaye **14.1, 14.2, 14.5, 14.6;** Getty Images RF, München **55.1;** Imago, Berlin **42.1;** iStockphoto (Igor Skrbic) **68.1;** (imagetwo) **35.1;** (Jim DeLillo) **75.1;** (John Dunne) **9.1;** (Lumigraphics) **48.1;** (Pedro Guillermo Angeles-Flores) **32.1;** (RF), Calgary, Alberta **14.3, 14.10;** Klett-Archiv (Thomas Weccard), Stuttgart **8.1, 78.1;** shutterstock (Amy Nichole Harris) **32.2;** (Andrey Shadrin) **63.1;** (Aspen Photo) **74.1;** (christopher nagy) **76.1;** (iofoto) **36.1;** (Jose Ignacio Soto) **17.1;** (Kiselev Andrey Valerevich) **56.1;** (Maksim Toome) **30.2;** (mark higgins) **66.1;** (Michael Roeder) **14.8;** (Olesia Bilkei) **73.2;** (Pilar Echevarria), New York, NY **28.2;** Thinkstock **34.1;** (Brand X Pictures) **30.1;** (Brand X Pictures/Jupiterimages) **41.2;** (Hemera) **14.7, 14.9, 27.1, 37.2, 37.4, 73.1;** (Hermera) **30.1;** (iStockphoto) **28.1, 34.2, 37.1, 40.1;** (Jupiterimages) **60.1;** (Lifesize) **60.2;** (Polka Dot), München **59.1;** Ullstein Bild GmbH **71.1;** (AISA), Berlin **44.1**

Sollte es in einem Einzelfall nicht gelungen sein, den korrekten Rechteinhaber ausfindig zu machen, so werden berechtigte Ansprüche selbstverständlich im Rahmen der üblichen Regelungen abgegolten.

1. Auflage 1 9 8 7 6 5 | 26 25 24 23 22

Alle Drucke dieser Auflage sind unverändert und können im Unterricht nebeneinander verwendet werden. Die letzte Zahl bezeichnet das Jahr dieses Druckes.

Autorin und Autoren: Rudolf Dorn, Hüttlingen; Gemma Linares, Tübingen; Lothar Schroeder, Trier

Redaktion: Covadonga Uribe Martín
Gestaltung: Claudia Kreipl

Illustrationen: Sven Palmowski, Barcelona
Druck: Druckhaus Götz GmbH, Ludwigsburg

Printed in Germany
ISBN 978-3-12-538018-9

9 783125 380189

Inhaltsverzeichnis

Vorwort

Liebe Schülerin, lieber Schüler,

das *Cuaderno* zur Mehrsprachigkeitsgrammatik ist ein Übungsheft, mit dem du alle wichtigen Grammatikthemen übst und mit dem du lernst, die Kenntnisse anderer Fremdsprachen produktiv für das Erlernen des Spanischen einzusetzen. Hierdurch erwirbst du eine Schlüsselkompetenz, die nicht nur für eine schnelle Durchdringung der Grammatik wichtig ist. Sie hilft dir auch beim Erlernen weiterer Fremdsprachen.

Aufbau:

Das ***Cuaderno*** besteht aus 24 Kapiteln, die thematisch denen der Mehrsprachigkeitsgrammatik entsprechen.

Im Teil **A Tú ya sabes...** eines jeden Kapitels werden – sofern es sich anbietet – zunächst die Regeln des angesprochenen Phänomens in einer dir schon bekannten Sprache aufgefrischt und anschließend für einen Transfer ins Spanische genutzt. Du wirst sehen, dass es dir dann leichter fällt, die neue Grammatik zu verstehen und zu behalten!

Im Teil B hast du die Gelegenheit, den neuen Stoff auf abwechslungsreiche Art und Weise zu üben.

Der Teil **C Para evitar errores** hilft dir, Fehler zu vermeiden, die deutschen Lernern schnell unterlaufen können.

Alle Übungen sind situativ eingebunden – du beschäftigst dich also nicht nur mit Einzelsätzen, sondern lernst im Kontext!

Tipps:

In der Randspalte findest du Kästchen mit Zusatzinformationen oder kurzen grammatischen Zusammenfassungen, die dir bei der Lösung der Aufgaben helfen. Wenn du meinst, dass du sie nicht benötigst, dann knick den Rand einfach um!

Manche Aufgabenstellungen beinhalten auch unterschiedliche Schwierigkeitsgrade.
Du hast dann die Möglichkeit, die Aufgabe zu wählen, die zu dir passt.

Lösungen:

Die **Lösungen** dienen der Überprüfung deiner eigenen Arbeit. Sie können dir jedoch auch helfen, falls du einmal nicht weiterweißt.

Viel Erfolg mit diesem Übungsheft wünscht dir
das Team vom *Cuaderno* zur Mehrsprachigkeitsgrammatik!

Aussprache, Betonung und Rechtscheibung
Pronunciación, acento y ortografía

A Ya sabes...

... cómo se usan las mayúsculas en otros idiomas. ¿Y en español?

Lee el texto y escribe las mayúsculas cuando sea necesario.

¡CUIDADO!

¡hola!
me llamo maría y soy española.
hablo muy bien español, francés e italiano. tengo un novio estadounidense por eso el año que viene quiero ir a estados unidos a estudiar a la universidad de harvard. me gustaría estudiar en la facultad de medicina, pero no hablo muy bien inglés. ¿quién podría ayudarme?
saludos,
maría

B Para practicar

1 Ordena las palabras según la sílaba tónica. → §1.2

• América • árbol • bailar • canción • cantar • círculo • difícil • fábrica • feliz • gramática • hablan • jamón • libro • mañana • música • país • ratón • semáforo • teléfono • turistas • viuda

□□□■	□□■□	□■□□
feliz,	viuda,	América,

2 Luis tiene hoy muchas preguntas. Mira las siguientes frases. Las sílabas marcadas son las sílabas tónicas. Escribe otra vez el texto según las normas de acentuación. → §1.2

a) Luis: ¿Este boligrafo es para mi?
Sara: No, no es para ti, es para Ramon.
b) Luis: ¿Cual es el rio mas grande de Asia?
Sara: No lo se.

c) Luis: ¿Se pueden comprar aqui termometros?
Sara: Creo que si.
d) Luis: ¿Donde esta la solucion?
Sara: En la linea dos de la pagina diez.

a) Luis: ____________________
Sara: ____________________
____
b) Luis: ____________________
____
Sara: ____________________

c) Luis: ____________________
____
Sara: ____________________
d) Luis: ____________________
Sara: ____________________
____

3 Corrige el siguiente texto según las normas de ortografía del español. Pon también los acentos donde sea necesario. → §1.3

¡Cuidado!

Querido Andres,
hace una semana que estoy en Mexico. Es un pais maravilloso, porque tiene una naturaleza extraordinaria. Pero lo que mas me gusto fue La comida. Tortillas, tacos, burritos, etc. Si quieres comer bien tienes que ir a comer a un restaurante. También fui a los Estados unidos, a san Diego. Cruce la frontera y lo primero que hice fue preguntar: ¿Cual es la especialidad de la zona?
Ya te contare mas cosas, cuando nos veamos,
Un abrazo.
Juan

____

____

____

____

____

____

____

____

____

C Para evitar errores

Pon la coma donde sea necesario.

a) Si tengo dinero me compro un coche.
b) Está lloviendo por lo tanto hoy no salís a jugar a la calle.
c) Desgraciadamente no ha podido venir al instituto.
d) Cuando llegué a Madrid llamé a mis amigos.
e) Me preguntó dónde vivía María.
f) Cuando vino Julia la amiga de Mónica nos fuimos al cine.
g) Nos gustaría ir al cine pero tenemos que estudiar.
h) No sé si ir de vacaciones a España o a Italia o quedarme en casa.
i) A pesar de todo conseguimos llegar a lo alto de la montaña.
j) Me contestó que no sabía dónde estaba su pasaporte.

a) ______________________________
b) ______________________________
c) ______________________________
d) ______________________________
e) ______________________________
f) ______________________________
g) ______________________________
h) ______________________________
i) ______________________________
j) ______________________________

Der Artikel El artículo

A Ya sabes…

… cómo se utiliza el artículo en alemán. Lee lo que piensan Pedro y Ralf de sus profesores. Fíjate en el uso del artículo. Explica en alemán qué diferencias hay entre el alemán y el español.

Pedro: Para mí, los profes son personas misteriosas. Nunca se sabe cómo funcionan, por qué se ríen o por qué están de mal humor. El señor García, mi profe de Música, toca mal el piano y juega genial al fútbol. Los lunes llega siempre con retraso porque tiene que analizar el resultado del Barça con sus colegas. Todas las semanas juega al fútbol. Debería trabajar de profe de Deporte. Se parece un poco a Beckham, aunque tiene el pelo negro.

Ralf: Für mich sind Lehrer schon merkwürdige Wesen. Keiner weiß, wie sie funktionieren, warum sie lachen oder schlechter Laune sind. Herr Müller, mein Sportlehrer, spielt toll Klavier – aber schlecht Fußball. Montags kommt er immer mit Verspätung zum Unterricht, weil er mit seinen Kollegen über das letzte Konzert vom Wochenende reden muss. Jede Woche hat er ein Konzert. Er wäre besser Musiklehrer geworden. Er ähnelt etwas José Carreras, obwohl er blondes Haar hat.

____

____

____

____

____

____

B Para practicar

1 Completa con las formas adecuadas del artículo. Haz las contracciones si son necesarias. → §2.1

el | la | las | los | ∅

Der männliche Artikel *el* verschmilzt im Spanischen mit den Präpositionen *a* und *de*: *a + el* → al und *de + el* → *del*.
Im Französischen verschmelzen *à* + *le* → *au* und *de* + *le* → *du*.

a) Papá, ¿___ agua de ___ piscina está fría?
b) ¿Quién ha hecho ___ foto de ___ Alhambra?
c) ___ viaje fue muy bonito.
d) ¿Dónde están ___ fotos de este verano?
e) ¿Cuándo vamos a ___ cine?
f) Esa es ___ moto de ___ padre de Miguel.
g) ¿Sabes cuándo es ___ cumpleaños de ___ profesora?
h) ¿Has mirado ya ___ días que tienes de ___ vacaciones?

2 María y Carla hablan sobre lo que van a hacer esta tarde. Pon los artículos indeterminados si es necesario. → §2.2

María: ¿Qué vas a hacer esta tarde?
Carla: Todavía no lo sé. Estaba pensando en ir a ver a ___ amigos. ¿Y tú?
María: Yo quería ir a hacer ___ compras al centro comercial, pero solo tengo ___ 50 euros.
Carla: Pues voy contigo. La semana pasada vi ___ gafas de sol muy bonitas en ___ tienda muy moderna.
María: Yo quiero ___ blusa para el verano.
Carla: ¿Pero ___ otra blusa? ¡Si ya tienes ___ cinco o seis!
María: ¡Y tú, ___ ocho pares de gafas! ¿Por qué no te compras ___ otra cosa?

3 Traduce estas frases al alemán y marca dónde el artículo se usa de forma diferente. → §2.3

a) ¿A qué hora hay autobuses para Madrid? ______

b) Busco otro trabajo. Este no me gusta. ______

______

c) He comprado medio kilo de patatas. ______

d) El té es muy bueno para la salud. ______

e) Casi el 50% de los jóvenes no encuentran trabajo. ______

______

f) El lunes empiezan las clases a las ocho de la mañana. ______

______

g) ¿Sabes jugar al fútbol? ______

h) No tengo hijos. ______

i) Mi hermana toca el piano muy bien. ______

j) El señor Urquijo es de Madrid. ______

k) Los conejos de Indias vienen de América del Sur. ______

l) ¿Tienes que hacer deporte todas las semanas? ______

C Para evitar errores

Montse y Pati están charlando en el patio de la escuela. Completa las frases con un artículo en caso de que sea necesario.

Montse: ¿Sabes quién es esa profe? La que lleva _____ vaqueros.

Pati: Hay tres profes allí. _____ señor García, _____ señora López y _____ señora Martínez.

Montse: A _____ señor García, ya lo conozco. Es mi profe de Matemáticas. Y a _____ señora López también. Entonces, _____ profe con _____ vaqueros es _____ señora Martínez.

Pati: Sí. Es de _____ País Vasco o de _____ Navarra. No estoy segura.

Montse: ¿Desde cuándo trabaja en nuestro instituto?

Pati: No sé. Creo que empezó en _____ primavera de 2013. Por cierto, ¿qué hora es?

Montse: ¡Ay, qué tarde! Son _____ doce menos cinco. Bueno, me voy. Tengo Matemáticas y si llego tarde, el profe me dirá: «_____ 80% de los alumnos siempre llega tarde».

Pati: Vale. ¿Vamos después a _____ bar? ¿Conoces _____ bar nuevo que acaban de abrir cerca de _____ cine Simeón?

Montse: Sí, pero yo prefiero ir a _____ otro. Ese no me gusta mucho. ¿Podemos hablar de esto _____ poco más tarde? Ahora no tengo _____ tiempo.

Das Substantiv El sustantivo

A Ya sabes...

O, quantos oculos!	Was hast du für große Augen!	¡Oh, qué ojos más grandes tienes! Los ojos son para verte mejor.
 O, quantas manus!	 Was hast du für große Hände!	 ¡Oh, qué manos más grandes tienes! Las manos son para abrazarte mejor.
O, quantas auras!	Was hast du für große Ohren!	¡Oh, qué orejas más grandes tienes! Las orejas son para oírte mejor.
O, quantos dentes!	Was hast du für große Zähne!	¡Oh, qué dientes más grandes tienes! Los dientes son para comerte mejor.

... cúantos géneros de los sustantivos hay en otros idiomas.
Y en español, ¿cuántos generos existen?

Mira la tabla, compara y explica en alemán.

____

____

____

____

B Para practicar

Substantive auf *-ista* oder *-nte* haben meistens nur eine Form für beide Geschlechter. Das Geschlecht erkennt man dann nur am Artikel.

1 ¿Masculino o femenino? Escribe las palabras en su correspondiente casilla y forma el plural de las mismas. → §3.1

• error • millón • autobús • nariz • cumpleaños • llave • coche • diccionario • taxista • turista • estudiante • mano • día • foto • aula • chocolate • ciudad • juventud • canción

masculino singular	masculino plural	femenino singular	femenino plural

2 Forma frases como en el ejemplo. → §3.1

a) Padre | comprar | radio | nuevo . Mi padre compra una radio nueva.

b) Yo | beber | agua | frío . ______

c) Tú | reservar | habitación | hotel | moderno . ______

d) María | gustar | mucho | chocolate . ______

e) Hombre | pagar | rescate . ______

f) Mañana | nosotros | tener | excursión . ______

g) Me | encantar | vacaciones . ______

3 Marca y explica qué palabra es diferente al resto. → §3.1/3.2

a) día | clima | ~~playa~~ | idioma Playa es una palabra femenina, las demás son masculinas.

b) mano | foto | piso | moto

______

c) sal | salida | problema | salsa

______

d) bar | móvil | lección | hotel

______

e) amor | ambiente | guion | especie

______

f) calle | carretera | ciudad | edificio

______

C Para evitar errores

1 Completa las frases con los sustantivos y los artículos correspondientes. Después relaciona las frases de las dos columnas.

capital | ensalada | problema | modelo (2x) | sal | cumpleaños | falda | radio | tema

A ¿Cuándo es ______ de Juan?	1 La preparo yo.
B ¿Cuál es ______ de coche que te has comprado?	2 Gracias.
C ¿Me pasas ______? Es que la sopa está sosa.	3 Creo que el lunes.
D Tengo ______. Mi ordenador no funciona.	4 La Habana.
E ¿Cómo se llama ______ que aparece en la foto?	5 Sí. Me la compré ayer.
F ¿Puedes encender ______?	6 ¡Toma! Aquí la tienes.
G ¡Me encanta ______ de tu presentación!	7 Uno muy deportivo.
H ¿Cuál es ______ de Cuba?	8 ¡Qué pena! ¿Quieres usar el mío?
I ¿Quién prepara ______?	9 Silvia Zalvide.
J ¿Tienes ______ nueva?	10 Sí, claro. Vamos a escuchar las noticias.

2 Traduce del alemán al español.

a) Das Mädchen hat ein Problem. ______________________

b) Du musst erst die Kartoffeln schneiden. ______________________

c) Ich habe den Koffer verloren. ______________________

d) Der Künstler hat sein Werk vollendet. ______________________

e) Ich habe eine Million Euro auf der Bank. ______________________

f) Die ganze Gruppe besucht das Museum. ______________________

3 Julia, una chica alemana, lleva una semana en Bilbao. Después de volver de la Universidad habla con Lucía, su compañera de piso. Todavía no sabe hablar muy bien el español. Corrige los errores.

¡CUIDADO!

Julia: Hoy he pasado una día genial en la Universidad.

Lucía: ¿Sí? ¿Por qué?

Julia: Pues, porque esta mañana he estado en un cafetería y he tomado una chocolate con churros. ¡Estaba buenísima!

Lucía: ¡Qué bien! Y después, ¿qué has hecho?

Julia: Después he ido a la centro y he visto una accidente. Un hombre con un barba muy largo se había caído y había mucho sangre. Después ha venido una coche del policía y ha tomado muchos fotos.

Lucía: ¿Y eso te parece genial?

Julia: ¡Sí! Estaban filmando un película y había un hombre con un cámara. Y al final yo he podido hacer de modela en el película.

4 Montse y Jorge están pasando unos días en Madrid y escriben un correo a su amiga Rosa sobre lo que les ocurrió ayer en la capital de España. Completa el texto con los artículos que faltan.

Hola, Rosa:

Estamos pasando unos días en Madrid.

Es _______ ciudad fantástica. Ayer, después del desayuno, estábamos sentados en _______ banco en _______ plaza de Oriente cuando llegaron de repente varios coches de _______ policía.

Como no sabíamos por qué habían llegado se lo preguntamos a _______ policía que estaba cerca de nosotros. Nos dijo que _______ grupo de estudiantes quería manifestarse[1] contra _______ paro.

Unos minutos más tarde llegó _______ equipo de televisión para hacer un reportaje. Bajaron un reportero y un hombre con _______ cámara. Nos preguntaron qué pensábamos de _______ manifestación.

Después llegaron _______ manifestantes. De repente vi a Bibi López, _______ modelo más famosa de España que aparece en todas _______ fotos de _______ revistas. En _______ radio dijeron que casi un millón de estudiantes se habían manifestado en toda Europa contra _______ paro.

Mañana vamos a visitar Segovia. Espero que _______ días sean más tranquilos que por aquí.

Hasta pronto, abrazos

Montse

1 **manifestarse** demonstrieren

Das Adjektiv El adjetivo

A Ya sabes...

... cómo funciona el uso general del adjetivo en otras lenguas.

Lucius Luciam amat. Amat Lucium Lucia. Sed inter se differunt. Lucia Romana, crassa, perparva est. Et ei capilli nigri sunt. Lucius autem Romanus non est. Neque crassus neque perparvus est. Ei capilli nigri non sunt. Hispanicus est. Gracilis et magnus est. Et ei capilli fusci sunt. Sed discrimina magna non sunt quod tanto fervore se amant.

Jean et Marie sont très amoureux, mais ils sont aussi très différents. Marie est française, un peu grosse, petite et a les cheveux noirs. Jean, par contre, n'est ni français, ni gros ni petit. Il n'a pas les cheveux noirs. Il est allemand, élancé, grand et a les cheveux bruns. Mais peu importe les différences, ils s'aiment beaucoup.

1 ¿Es igual en español? ¿En qué tienes que fijarte cuando usas los adjetivos? Escribe la regla en alemán.

____

____

____

____

____

2 Completa la descripción de Ingo y de María con los adjetivos en la forma correcta.

bajo, -a | importante | gordito, -a (2x) | delgado, -a | alto, -a | bajito, -a | negro, -a (2x) | castaño, -a | alemán, alemana | español, española (2x)

Die Verkleinerungsformen *-ito*, *-ita* werden im Spanischen verwendet, um die Bedeutung der Adjektive zu verniedlichen.

Aunque Ingo y María están muy enamorados, hay también muchas diferencias entre ellos. María es (1) ______________, un poco (2) ______________, (3) ______________ y tiene el pelo (4) ______________. Ingo no es (5) ______________, ni (6) ______________, ni (7) ______________ y no tiene el pelo (8) ______________. Es (9) ______________, (10) ______________, (11) ______________ y tiene el pelo (12) ______________. Para ellos, estas diferencias no son (13) ______________ porque se quieren mucho.

B Para practicar

> Im Spanischen richten sich – wie im Französischen – die Adjektive in Zahl und Geschlecht nach dem Substantiv, auf das sie sich beziehen.

1 Construye complementos nominales como en el ejemplo. Escribe también las formas del plural. → § 4.1

francés – la canción	la canción francesa	las canciones francesas
optimista – el chico		
bonito – la habitación		
famoso – el actor		
tropical – el huracán		
alto – la montaña		

2 Pablo describe cómo es su casa, pero se ha olvidado de escribir los adjetivos. Completa el texto con los siguientes adjetivos.

famoso, -a | cuadrado, -a | alto, -a | grande | redondo, -a | amplio, -a | pequeño, -a (2x) | oscuro, -a | cómodo, -a (2x) | bajo, -a | luminoso, -a

A

Esta es mi habitación. Tengo una cama ______________, una mesilla de noche ______________ y un armario ______________. A la derecha de la puerta hay una mesa de estudio ______________ con un ordenador y al lado de la mesa dos sillones ______________ para cuando vienen mis amigos a visitarme. La habitación tiene dos ventanas y es ______________. En la pared hay un póster de un cantante ______________.

Y este es el cuarto de mi hermana. Tiene una cama ______________, una mesilla de noche ______________, un armario y una estantería muy ______________. En el centro de la habitación hay una mesa ______________ para jugar, con cuatro sillas que no son ______________. Su habitación es ______________ porque solo tiene una ventana ______________.

B

3 Todas las cosas tienen su color. ¿Con qué color asocias estas palabras? → § 4.2

El campo	El campo es verde.	Las nubes	
El sol		Los tomates	
El mar		La esperanza	
El corazón		Los elefantes	
La luna		La madera	
El carbón		Los plátanos	

4 Transforma las frases como en el ejemplo. → §4.3

> Spanische Nationalitätsadjektive tragen in der Regel ein *-a* in der weiblichen Form. Ausnahmen sind z. B. die Adjektive *árabe*, *belga* und *marroquí*. Im Französischen endet die weibliche Form auf *-e*/*-es* oder auf *-enne*/*-ennes*.

a) Gabriel García Márquez es un escritor de Colombia. Gabriel García Márquez es un escritor colombiano.

b) El Quijote es una obra de literatura de España. El Quijote es ______

c) La paella es un plato típico de España. La paella es ______

d) La Pampa es una región de Argentina. La Pampa es ______

e) Mario Vargas Llosa es un escritor de Perú. Mario Vargas Llosa es ______

f) Juanes y Shakira son unos cantantes de Colombia. Juanes y Shakira son ______

g) Frida Kahlo es una pintora de México. Frida Kahlo es ______

5 Escribe en la tabla de abajo los diez gentilicios (adjetivos de nacionalidad) que encuentres en esta sopa de letras junto al país correspondiente. → §4.3

B	E	L	G	A	N	T	I	N	O
J	A	P	O	N	É	S	T	I	R
H	A	Y	R	U	F	X	A	N	M
O	L	F	O	J	R	Y	L	G	E
L	E	P	E	M	A	N	I	L	X
A	M	O	V	I	N	E	A	E	I
N	Á	S	U	E	C	A	N	S	C
D	N	N	G	H	É	S	A	A	A
É	X	Q	Y	H	S	O	C	U	N
S	J	O	S	U	I	Z	O	D	A

Bandera	País	Habitantes	
		Masculino	Femenino
		japonés	
			sueca
			inglesa
		suizo	
		holandés	
			mexicana
		alemán	
		francés	
			italiana
		belga	belga

6 Completa la tabla de arriba con las formas que faltan.

C Para evitar errores

1 Miranda enseña a Pedro una foto de sus hermanos. Subraya qué adjetivo está bien colocado.

> Adjektive werden in der Regel nachgestellt.
>
> *Mucho,-a, poco,-a* werden immer vorangestellt.

> Bei manchen Adjektiven ändert sich – wie im Französischen – die Bedeutung, je nachdem ob sie **vor** oder **nach** dem Substantiv stehen. Im Allgemeinen hat das vorangestellte Adjektiv eine übertragene Bedeutung.

Miranda: Mira, este es Juan, mi **mayor** hermano **mayor**. Es un **buen** chico **bueno**. Estudia el **tercer** año **tercero** de Medicina. Mi **pobre** hermano **pobre** se pasa todo el día en su habitación estudiando porque ahora tiene **muchos** exámenes **muchos** y quiere sacar **buenas** notas **buenas**. Por eso, últimamente, tiene **poco** tiempo **poco** libre.
Pedro: ¿Y esta chica?
Miranda: Es mi hermana. No es una **mala** chica **mala**. Estudia Arquitectura. Es una **buena** estudiante **buena**. El día de mañana va a ser una **gran** mujer **grande**.

2 Santiago hace poco que ha llegado a París a hacer un intercambio. Un compañero de clase explica cómo ha pasado hoy el día, pero Santiago todavía no entiende mucho francés. Escribe lo que ha dicho el compañero.

> Aujourd'hui, j'ai passé une mauvaise journée.
> Ce matin, on est allés voir une grande exposition au musée avec toute la classe. Elle était du grand peintre Goya.
> C'était une très belle exposition. J'étais très content !
> On y a passé un bon moment. Mais l'après-midi, au collège, on nous a rendu les résultats de l'interrogation de maths.
> Je n'ai pas eu de bonnes notes.
> Pour oublier cette mauvaise surprise, je suis allé voir un concert d'un groupe super « Los locos », avec quelques copains.
> Et cela ne m'a valu que des ennuis, parce que quand je suis rentré, mes parents se sont fâchés avec moi : à cause de mes mauvaises notes et parce que je ne les avais pas informés que j'allais au concert.

Personal- und Reflexivpronomen   Pronombres personales y reflexivos

A Ya sabes...

... cómo funciona el uso general de los pronombres en otras lenguas. Lee estos dos diálogos.

Tina: Lisa, wo ist mein neuer Pullover abgeblieben? Hast du ihn gesehen? Hast du ihn dir genommen?
Lisa: Nein. Vielleicht hat dein Schwesterchen ihn „sich ausgeliehen".
Tina: Aber meinen neuen Pullover?!
Lisa: Lass ihn ihr doch ausnahmsweise!
Tina: Dabei habe ich es ihr ausdrücklich verboten.

Tina: Lisa, ¿dónde está mi jersey nuevo? ¿Lo has visto? ¿Te lo has llevado tú?
Lisa: Yo no. Quizás tu hermanita se lo ha tomado «prestado». Pregúntale a ella.
Tina: Pero, ¿mi jersey nuevo?
Lisa: ¡Déjaselo una vez! Como excepción.
Tina: Pero si se lo había prohibido expresamente.

Escribe en alemán la regla del uso de los pronombres en español.

____

____

____

____

____

____

____

____

____

B Para practicar

1 Completa los diálogos con los pronombres que faltan. En algunas frases hay varias posibilidades. → §5.1

a) ★ Te llamas María, ¿no? ★ No, ______ me llamo Julia, María es ______.
b) ★ ¿Son ______ de Bilbao? ★ Yo sí, pero ______ es de Barcelona.
c) ★ ¿ ______ trabajas en Madrid? ★ No, trabajo en Alicante.
d) ★ Nosotros trabajamos en un banco. ★ Pues ______ trabajamos en una escuela.

2 Completa las frases con la forma correcta del pronombre entre paréntesis. → §5.2

Ramón: He comprado una entrada de cine ______ **(para / tú)**. ¿Vienes ______ **(con / yo)**?
Julia: Vale. ¿Pero solo ______ **(con / tú)**? ¿Por qué no llamamos a Luis?
Ramón: Cómo tú quieras. ¿Sabes algo ______ **(de / él)**?
Julia: Sí. ______ **(según / él)**, tiene mucho trabajo. Sin embargo, voy a hablar ______ **(con / él)**. Quizás pueda venir ______ **(con / nosotros)**.
Ramón: ______ **(por / yo)**, bien. Pero, ______ **(entre tú / yo)**, ¿estás enamorada ______ **(de / él)**?
Julia: ¡Qué tonto eres! Ni estoy enamorada ______ **(de / él)** ni tampoco ______ (de / tú). ¿Sabes? Voy a llamar a María. Me voy al cine ______ **(con / ella)**.

3 Sustituye las partes subrayadas por los pronombres de objeto directo o indirecto como en el ejemplo. → §5.4/5.5

> Manche Verben, die im Deutschen mit Akkusativ stehen, erfordern im Spanischen und Französischen das indirekte Objekt, z. B. *preguntar (demander)*.
>
> Manche Verben, die im Deutschen mit Dativ stehen, erfordern im Spanischen und Französischen das direkte Objekt, z. B. *ayudar (aider)* oder *seguir (suivre)*.

a) Cada día compro el periódico y leo el periódico mientras desayuno.

Cada día compro el periódico y lo leo mientras desayuno.

b) Mi vecino tiene un gato[1] y da de comer a su gato cada mañana.

____

c) Juan sabe a qué hora sale el tren. Pregunta a Juan a qué hora sale el tren .

____

d) Mis amigos van de vacaciones a Brasil. Deseo a mis amigos unas felices vacaciones.

____

e) María necesita ayuda. Puedes ayudar a María .

____

4 Completa este correo electrónico que ha escrito Marta a su amiga Julia. → §5.8

Hola, Julia:

Estoy en un Internet Café en Bilbao. ¿Conoces Bilbao? Yo todavía no ________ conocía. Ya he ido al Museo Guggenheim y ________ he comprado un regalo a mi madre. Pero si ________ ves, no ________ digas. Hoy no ________ apetecía ir al centro y ________ he preguntado al recepcionista del hotel qué podía hacer. ________ ha recomendado ir a la playa. ¡ ________ he pasado muy bien y he conocido a chicos muy guapos! Esta noche voy a salir con ________ . Así que ________ dejo, tengo que duchar ________ . ________ escribo mañana. Por cierto, las famosas tapas, aquí llamados «pinchos», todavía no ________ he probado…

Adiós,
Marta

C Para evitar errores

Marca la solución correcta.

Luis: Mathias, **no te / tú no** vayas. El abuelo tiene problemas con el ordenador. ¿Puedes **ayudarlo / lo ayudar**?
Matías: ¿Por qué yo? **Hazlo / Lo haz** tú. No hay diferencia entre **tú y yo / mí y ti**.
Luis: ¡Hombre! Es para que puedan hablar por Skype **contigo y conmigo / con tú y con mí**.
Matías: ¿Y eso **les / los** interesa?
Luis: ¡Claro que **les** /**los** interesa! ¡Cómo puedes **dudarlo / dudarle**!
Matías: Ya **se lo / lo se** expliqué una vez, pero… al abuelo la informática **se / lo** pone nervioso.
Luis: Venga. No seas así. ¿Puedes **explicárselo / explicárlose** otra vez?
Matías: Vale. ¿Adónde **se / le** ha ido?
Luis: Creo que está en el salón. Ve a **buscarlo / lo buscar** tú.
Matías: ¿Y por qué no **lo / le** haces tú?

1 **el gato** die Katze

Demonstrativbegleiter und -pronomen
Determinantes y pronombres demostrativos

A Ya sabes...

... cómo se utilizan los determinantes demostrativos en otras lenguas. Lee los dos textos siguientes. Después escribe en alemán la regla del uso de los determinantes y pronombres demostrativos en español.

Rosa: ¿Qué le compramos a Ana por su cumpleaños?
María: Bueno... ¿Qué te parecen estas gafas de aquí?
Rosa: ¿Estas? No sé, me parecen un poco caras.
María: ¿Y esas otras de ahí?
Rosa: ¿Esas? ¿De verdad te gustan? A mí me parecen muy feas. Me gustan más aquellas de allí.
María: Sí, aquellas son muy bonitas. Me encantan.

Rosa: What shall we buy Ana for her birthday?
Mary: Well... What do you think about these glasses here?
Rosa: These? I don't know, I think they are a bit expensive.
Mary: And those?
Rosa: Do you like them really? I don't think they are very nice. I prefer those over there.
Mary: Yes, those are very cute. I'm fond of them.

____

____

____

____

B Para practicar

1 Completa las frases con el determinante demostrativo necesario. → § 6.1

2 Marca la forma correcta. → § 6.1 / 6.2

a) ¿Cómo se dice **esta / esto** en español?
b) No me has entendido, yo no quería decir **eso / este**.
c) Me gusta mucho **eso / ese** libro.
d) **Esto / Este** es mi hermano Juan.
e) ¿Qué gafas prefieres? ¿**Esta / Estas** o **aquella / aquellas**?

3 Completa las frases con el pronombre demostrativo necesario. → § 6.2

Sonia: ¿Quiénes son estas personas de la fotografía?
Lucía: ___________ es mi padre, ___________ es mi madre y ___________ son mis hermanos.
Sonia: ¿Y ___________ perro?
Lucía: Ah, es mi perro, Puppy.
Sonia: ¿Vivíais en ___________ casa?
Lucía: No, ___________ era la casa de mi tía. Nosotros vivíamos en ___________.

4 Lee los siguientes diálogos y relaciónalos con la palabra a la que se refieren. → § 6.2

A ¿Cuáles meto en la maleta? ¿Estos o los cortos? – Mejor los cortos. Allí hace mucho calor.

B Voy a pagar con esta. No me queda más dinero en efectivo.

C ¿Este va al aeropuerto? – No, el 58.

D ¿Y tú, cuál utilizas? – Esta. Tiene más protección.

1 el autobús
2 la crema de sol
3 la tarjeta de crédito
4 los pantalones

C Para evitar errores

1 ¿Dónde están las cosas o quién las tiene? Completa las frases.

Luisa: Este pollo está buenísimo. María: Pues estos pimientos, también.	1. El pollo está en el plato de ___________. 2. Los pimientos están en el plato de ___________.
Luisa: Esa revista me parece muy interesante. María: Pues a mí me parece muy aburrida.	3. La revista la tiene ___________.
Luisa: ¿Para qué son todas estas fotos? María: Para ponerlas en este álbum.	4. ___________ tiene las fotos en las manos. 5. ___________ tiene el álbum en las manos.

2 Marca la forma correcta.

Luisa: ¿A qué hora vendrás? María: Llegaré a **eso** / **esto** de las nueve.	Luisa: ¿Quién es Pedro? María: El chico **ese** / **eso** con la camisa roja.
Luisa: El viernes tenemos la reunión del equipo. María: Yo no sé nada de **eso** / **este**.	Luisa: Mañana tenemos un examen de Matemáticas. María: ¡Pero **aquello** / **eso** es imposible!
Luisa: El trabajo tiene que estar terminado para el lunes. María: ¡Pero **eso** / **ese** es imposible!	Luisa: El profesor quiere que entreguemos el trabajo el lunes, **esto** / **aquello** es mañana mismo. María: ¿Estás segura de **eso** / **esto**?

Indefinitbegleiter und -pronomen
Determinantes y pronombres indefinidos

A Ya sabes...

... cómo se utilizan los determinantes y pronombres indefinidos en otros idiomas. En español, algunos cambian según sea el género y el número. Otros tienen la misma forma para los dos géneros. Mira el siguiente texto, marca las formas de los determinantes y de los pronombres indefinidos en el texto en español y después rellena la tabla.

Laura: ¿Qué tal estuvo la fiesta?

Julia: ¡Fenomenal! Algunos de mis amigos llegaron muy pronto y otros más tarde a la cena. Cada persona trajo algo para comer o beber. Así que había bastante comida y suficiente bebida. Yo creo que nadie se aburrió en la fiesta, pero solo unos pocos bailaron toda la noche. Casi todos estuvieron hablando en la mesa. Al final, muchos me ayudaron a ordenar y ninguno se olvidó nada en mi casa.

Laura: ¡Qué bien! Y yo no pude ir... ¡Qué pena! ¡Pero ayer tenía tanto trabajo!

Tienen formas diferentes para masculino y femenino:		Tienen la misma forma para masculino y femenino:	Tienen formas diferentes para el singular y el plural:
Algunos, -a, -os -as.			

B Para practicar

1 Relaciona los pronombres con las expresiones y escribe un texto sobre tus compañeros de clase. ¡Cuidado con *nadie*!
→ §7.1

- alguno, -a, -os, -as
- bastantes
- muchos, -as
- nadie
- todo, -a, -os, -as
- ninguno, -a, -os, -as
- poco, -a, os, -as
- uno, -a, -os, -as

- sacar buenas notas
- estar aburridos
- hacer los deberes
- hablar español
- ser bueno en Matemáticas
- ser simpáticos
- tener más de 18 años
- hablar cuando el profesor explica

De los compañeros de mi clase, ______________________________

____

____

____

____

____

2 Completa las frases con *algo*, *nada*, *alguien* o *nadie*. → §7.2

a) ¡Qué mal habla! ¿Has entendido ___________? Yo no he entendido ___________.

b) Han llegado unas flores para ti. ¡Creo que le gustas a ___________!

c) Si ___________ pregunta por mí, dile que ahora mismo vuelvo.

d) ___________ ha visto todavía la película.

> *Algo* und *nada* sind unveränderlich und beziehen sich auf **Sachen**.
>
> *Alguien* und *nadie* sind ebenfalls unveränderlich und werden aber **für Personen** verwendet.
> Sind *alguien* oder *nadie* direktes Objekt des Satzes, steht die Präposition ***a*** davor.

3 Traduce en tu cuaderno los siguientes diálogos al español. → §7.3

a) ★ Hast du irgendein Buch von Vargas Llosa gelesen?
★ Nein, ich habe noch kein einziges Buch von ihm gelesen, daher kann ich dir keines empfehlen.

b) ★ Kannst du mir irgendeinen interessanten Film empfehlen?
★ Tut mir leid, aber diese Woche habe ich noch keinen interessanten gesehen.

c) ★ Gehen alle deine Freundinnen zu Pedros Party?
★ Nein, nur ein paar.

d) ★ Gibt es hier in diesem Viertel irgendein Schuhgeschäft?
★ Nein, ich kenne keins. Ich bin nicht von hier.

> *Alguno,-a,-os,-as* als Begleiter stimmen ebenfalls mit den Nomen überein, auf die sie sich beziehen.
> Vor männlichen Substantiven im Singular wird *alguno* zu *algún* und *ninguno* zu *ningún* verkürzt.

4 Relaciona las dos columnas para completar los refranes. Escribe el correspondiente en alemán.

A buen entendedor, …	A	1	… algo le cuesta.
Cualquier tiempo pasado…	B	2	… llevan a Roma.
El que algo quiere, …	C	3	… fue mejor.
El tiempo…	D	4	… todo lo cura.
Más vale poco y bueno…	E	5	… pocas palabras bastan.
Todos los caminos…	F	6	… que mucho y malo.

a) ___________________________

b) ___________________________

c) ___________________________

d) ___________________________

e) ___________________________

f) ___________________________

C Para evitar errores

Susana tiene problemas en clase. Ha escrito en su blog un texto. Elige la opción correcta.

Hoy no puedo ver a **ningún / nadie**.
No me han dejado entrar en el club de Debate de nuestra clase. El otro día me dijeron que tenía que esperar **algún / ninguno** tiempo, pero hasta hoy no he recibido **ninguna / ningún** noticia. Hoy he pensado **toda la día / todo el día** que no tengo **ninguna / alguna** esperanza[1]. Odio **a cada / a todo** el mundo del club de Debate. **En / Por** cualquier caso voy a empezar **otra / una otra** vida, en **una otra / otra** parte y quizás **en otro / un otro** pueblo. ¿Tiene **nadie / alguien ninguna / alguna** idea para ayudarme? **Nadie / nada** me quiere.

1 **la esperanza** die Hoffnung

Possessivpronomen und -begleiter
Pronombres y determinantes posesivos

A Ya sabes…

… cómo se forman los determinantes posesivos en otros idiomas.

Lee lo que les ocurre a la familia Sánchez antes de salir de viaje.

Completa las frases con los determinantes posesivos para *él*, *ella*, *ellos*, *ellas*.

Papa sucht **seinen** Reisepass / **seine** Brieftasche / **sein** Hemd.
Mama sucht **ihren** Autoschlüssel / **ihre** Brille / **ihr** Handy.
Das Kind sucht **seinen** Stoffhund / **seine** Puppe / **sein** Buch.
Papa und Mama suchen **ihren** Plan / **ihre** Route / **ihr** Auto.

Il cherche / ________ portable / ________ carte.
Elle cherche ________ passeport / ________ poche.
Ils cherchent / ________ cherchent / ________ voiture.

He is looking for ________ mobile.
She is looking for ________ passport.
They are looking for ________ car.

Papá busca ________ móvil.
Mamá busca ________ bolsa.
Ellos buscan ________ coche.

B Para practicar

1 Transforma las frases como en el modelo. → §8.1 / 8.2

La cartera me pertenece[1].	*Es mi cartera.*	*La cartera es mía.*
Las gafas te pertenecen.		
La falda le pertenece (a ella).		
La moto les pertenece (a ellos).		
La bicicleta le pertenece (a Juan).		
El billete le pertenece (a usted).		
Los pisos nos pertenecen.		
El coche os pertenece.		
La maleta les pertenece (a ustedes).		

2 En estos anuncios faltan los pronombres y determinantes posesivos. Rellénalos. → §8.1 / 8.2

Viaja con nosotros y conoce también ________ cultura. ________ hoteles están situados en las mejores playas de ________ país. ________ servicios incluyen habitación con baño y desayuno. Visita ________ página: www.hotel-Areilza.com

Cree ________ propio viaje y disfrute de ________ tiempo libre en Chile. Somos especialistas en Turismo de Intereses Especiales. ________ programas turísticos incluyen alojamiento[2] y excursiones. Se sentirá como en ________ casa. Visite ________ página: www.turi-chile.com

1 **pertenecer** gehören – 2 **el alojamiento** die Unterkunft

3 Completa los diálogos con los posesivos correspondientes. → § 8.1 / 8.2

a) Emilia habla con Juana sobre las vacaciones de verano y le enseña unas fotos.

Emilia: ¡Mira, Juana, las fotos de ________ vacaciones! Primero fui a visitar a ________ abuelos al pueblo. En esta, estoy yo delante de ________ casa. Tienen una casa muy grande, con un jardín enorme.

Juana: Oye, ¿y este, al lado de ________ abuela?

Emilia: Este es ________ perro[1] Roque. ¡Tiene ________ propia casita en el jardín!

Juana: ¿Y ________ padres no salen en la foto?

Emilia: No, ________ padres fueron ese día con ________ amigos a la playa.

b) Luisa habla con los señores López de sus vecinos[1].

Luisa: ________ vecinos[2] son muy simpáticos.

Señor López: Pues los ________ son muy antipáticos. Nunca nos saludan. Además, siempre dejan ________ coche en ________ aparcamiento y ________ basura y ________ zapatos en la puerta.

Luisa: Pues los ________ son fantásticos. Cuidan mi perro y riegan mis plantas cuando yo estoy de viaje.

Señora López: A mí me encantaría que los ________ fueran así de simpáticos como los ________.

C Para evitar errores

1 Relaciona cada pregunta con la respuesta adecuada.

¿De quién es esta bicicleta?	A	1	Son mías.
¿De quién son estos libros?	B	2	No, el mío es rojo.
¿De quién son estas gafas?	C	3	Es mía.
¿Ese coche azul es el tuyo?	D	4	4) ¿Estos? No lo sé.

> Die Formen des Possessivpronomens richten sich immer in Geschlecht und Zahl nach dem Substantiv (Besitzobjekt), auf das sie sich beziehen.

2 Traduce al español en tu cuaderno.

a) Hast du deine Hände gewaschen?
b) Die Blumen sind von Ihnen, nicht wahr?
c) Ich habe mir gestern im Sportunterricht das rechte Bein und den linken Arm gebrochen.
d) Ist das hier dein Handy?
e) Gehört das Buch ihm oder ihr?

3 Completa las frases.

a) ★ Señor Pérez, ¿este coche es ________?
★ No, no es ________. Es de ________ mujer.

b) ★ ¿Sabes cuál es el ordenador de María?
★ Creo que ________ ordenador es aquel que está en la mesa.

c) ★ Señor Urrutia, ¿cuál es ________ dirección?
★ ________ dirección es c/Gran Vía n.° 26.

d) ★ ¿Qué están haciendo Miguel y Julia?
★ Están preparando ________ mochilas porque mañana se van de excursión.

1 **el perro** der Hund – 2 **el vecino, la vecina** der Nachbar, die Nachbarin

Relativpronomen und -adverbien Pronombres y adverbios de relativo

A Ya sabes...

... cómo funcionan los pronombres y adverbios de relativo en alemán.

La semana que viene es el cumpleaños de María. Esta habla con su abuelo contándole qué regalo quiere.

Lee los siguientes diálogos.

Abuelo: ¿Y ya has pensado lo que quieres?
María: Bueno... Quiero un portátil que lo pueda llevar a todas partes. Además, quiero el último cedé de Los Locos, es un grupo que está de moda.
Abuelo: ¡¿Y nada más?! ¿Qué te parece si el día de tu cumple vamos juntos a la pastelería La exquisita donde se comen unos pasteles riquísimos?
María: Vale, no es un portatil, pero... es una buena idea.

Opa: Hast du schon überlegt, was du dir wünschst?
Maria: Also ... ich möchte einen Laptop, den ich überall hin mitnehmen kann. Außerdem hätte ich gerne die letzte CD von den Locos, das ist eine Gruppe, die gerade in Mode ist.
Opa: Und sonst nichts? Was hältst du davon, wenn wir an deinem Geburtstag in die Konditorei La exquisita gehen, wo man besonders köstliche Kuchen bekommt?
Maria: Ok, das ist zwar kein Laptop, aber ... trotzdem eine gute Idee.

Explica cúando se utilizan los pronombres y adverbios de relativo en español. ¿Con qué pronombres o adverbios en alemán se corresponden *que y donde*? Escríbelo en alemán.

____

____

____

____

____

____

B Para practicar

1 Pon la coma si es necesario. → §9.2

a) Claudia la que trabaja en mi departamento está de vacaciones ahora.
b) Mi hija que ahora vive en Salamanca vendrá a visitarnos el sábado.
c) Ayer vi a una chica que se parecía a ti.
d) Mi amiga cuyo padre es médico nunca está enferma.
e) Tengo que hablar con la chica que es amiga de Mónica.
f) Esa chica la que tiene gafas es la amiga de Mónica.

2 Completa las frases con los pronombres de la tabla. → §9.3

a) La chica ______________ te hablé vive cerca de aquí.
b) Busco un apartamento ______________ esté cerca del mar.
c) El autobús ______________ se llega al centro cuesta 1,45 euros.
d) No tengo a nadie ______________ escribir una postal.
e) La ciudad ______________ vivo ahora no es muy grande.

con el que | que | en la que | de la que | a quien

3 Haz frases subordinadas de relativo siguiendo el ejemplo. → §9.3

a) Ayer vi una película. La película era muy mala. *La película que vi ayer era muy mala.*

b) Estoy leyendo un libro. Tú me regalaste un libro la semana pasada.

____

c) Me he comprado unos zapatos nuevos. Los zapatos han costado 200 euros.

____

d) Es un profesor de Español. Me gusta mucho el profesor de Español.

____

e) Esa chica lleva un vestido verde. Esa chica es mi amiga.

____

4 Subraya las frases en las que es posible usar *el, la cual / los, las cuales*. Escríbelas en tu cuaderno. → §9.3

a) Javier Bardem, que está casado con Penélope Cruz, ya ha ganado un Óscar de Hollywood.
b) El libro que está allí es para ti.
c) Juan y Pedro, que ahora están enfermos, son unos compañeros de trabajo excelentes.
d) Veo una señora que lleva gafas.
e) La última novela de García Márquez, que todavía no he leído, ha tenido muy buenas críticas.

5 Relaciona las frases de las dos columnas. → §9.4 / 9.5 / 9.6

Esa chica, cuyos padres son de Guatemala, estudia conmigo.	A	1	Pues no me acuerdo. Ya se me ha olvidado lo que quería preguntarte.
¿La ciudad donde vives es muy grande?	B	2	No, ¿y tú?
Esta tarde, cuando llegue al aeropuerto, te llamo.	C	3	No sé. ¡Cuenta, cuenta!
¿Conoces a alguien cuya madre sea farmacéutica?	D	4	¡No me digas! ¿Y desde cuándo vive aquí?
¿Qué es lo que querías saber?	E	5	No mucho, pero a mí me encanta.
¿Sabes lo que me pasó ayer?	F	6	Vale, pero no te olvides.

C Para evitar errores

Rellena el anuncio con los pronombres correctos.

¡Anímate!

Programa de verano
1 al 15 de agosto

Incluye: Alojamiento
Desayuno
Excursiones
Actividades deportivas

Inscripción del 15 al 20 de mayo

Si no sabes todavía **cuándo / cuando** y **adónde / adonde** ir de vacaciones, tenemos el programa ideal para ti.
Ven a disfrutar de unas vacaciones en la playa **donde / dónde** podrás practicar toda clase de deportes naúticos.
¿Qué es **que / lo que** más te gusta? ¿El surf o el buceo[1]?
Todos **que / los que** estén interesados deberán ir el viernes por la mañana a la secretaría del instituto **dónde / donde** conoceréis a los entrenadores **que / qué** os acompañarán.

¡Vamos, anímate!

1 **el buceo** das Tauchen

Interrogativpronomen und -adverbien
Pronombres y adverbios interrogativos

A Ya sabes...

... que los pronombres y los adverbios interrogativos se asemejan en general en español y en latín, pero tienen una característica especial. Mira las siguientes ilustraciones y después completa la regla.

Los pronombres y los adverbios interrogativos en español se escriben siempre con ____________________.

B Para practicar

1 Relaciona las preguntas con las respuestas. Como solución encontrarás el nombre de una ciudad española. → §10.1

a) ¿Quién es ella?
b) ¿Qué hace?
c) ¿De dónde es?
d) ¿Con quién está casada?
e) ¿Cuántos premios Óscar ha ganado?
f) ¿Cómo se llama la película que protagonizó con Woody Allen?

Im Spanischen gibt es keine Leerstelle zwischen Fragezeichnen bzw. Aufrufzeichnen und Text.

Quelle heure est-il ? → *¿Qué hora es?*
Quel mauvais temps ! → *¡Qué tiempo más malo!*

- **D** Es de Madrid.
- **R** Con Javier Bardem.
- **I** Uno.
- **D** Vicky Cristina Barcelona.
- **M** Es Penélope Cruz.
- **A** Es actriz.

2 Completa las frases con las siguientes palabras y luego relaciona las dos columnas. → §10.2

quién · qué (2x) · a quién · cuál

¿________ actor español te gusta más?	1	A	Un café con leche.
¿________ es la capital de Honduras?	2	B	El F.C. Barcelona.
¿________ has invitado a la fiesta?	3	C	Javier Bardem.
¿________ quieres tomar?	4	D	A Luis y a Mónica.
¿________ ha ganado la liga?	5	E	Tegucigalpa.

3 Completa las preguntas con el pronombre o adverbio interrogativo correspondiente. → §10.2

		1.	2.	3.
a) ¿ ______	años tienes?	Cuáles	Cuántos	Qué
b) ¿ ______	es la diferencia entre ser y estar?	Cómo	Cuál	Qué
c) ¿ ______	animal come hojas de eucaliptus?	Cuál	Qué	Quién
d) ¿ ______	cuesta?	Cómo	Cuánto	Qué

4 Escribe la pregunta correspondiente para las siguientes respuestas como en el ejemplo. → §10.2 / 10.3

1. Pedro Almodóvar es un director de cine español. ¿Quién es Pedro Almodóvar?
2. La casa de mis abuelos está dos calles más abajo.
   ______
3. Juan tiene tres hermanos.
   ______
4. A Enrique le gusta el *rock*.
   ______
5. Mi abuelo es de Rusia.
   ______

6. Los niños ven una película en la televisión.
   ______
7. Estoy chateando con mis amigos.
   ______
8. El río más largo del mundo es el Amazonas.
   ______

C Para evitar errores

Teresa y Nieves se encuentran en el concierto de un famoso cantante de *rock*. Lee el diálogo y elige la opción correcta.

Teresa: Hola, Nieves. ¡**Cuánta / cuanta** gente hay hoy aquí!
Nieves: Sí. Muchísima. Por cierto, llevo media hora esperándote. ¿**Porque / Por qué** has tardado tanto?
Teresa: Ya, lo siento. Es que **cuándo / cuando** he llegado me he encontrado con Roberto y Felipe.
Nieves: ¿Roberto y Felipe? ¿**Quiénes / quienes** son esos?
Teresa: Son unos chicos **qué / que** estaban en mi clase de baile el año pasado.
Nieves: ¿Y **qué / que** tal son? ¿**Porque / Por qué** no les has dicho que vengan?
Teresa: ¡Pues **porque / por qué** estaban con sus novias!
Nieves: ¡Ah, claro! ¡**Que / Qué** pena!
Teresa: Da igual. ¡Dos chicas **como / cómo** nosotras no necesitan a nadie para divertirse!
Nieves: Tienes razón. ¡Oye! ¿No son esos Luis y Pablo? Esos **que / qué** están cerca del escenario.
Teresa: ¡**Qué / que** horror! Siempre tienes **que / qué** estar pensando en chicos.
Nieves: ¡Pero **qué / que dices**! No es verdad.
Teresa: Ya, ya…

Adverbien Adverbios

A Ya sabes...

... cómo se forma el adverbio en francés.

adjetivo	adverbio
complet, complète	complètement
dangereux, se	dangereusement
actuel,le	actuellement

1 ¿Y en español? Lee los siguientes consejos del médico para llevar una vida sana. Completa la tabla de abajo y explica en alemán cómo funciona la formación de los adverbios en *-mente* en español.

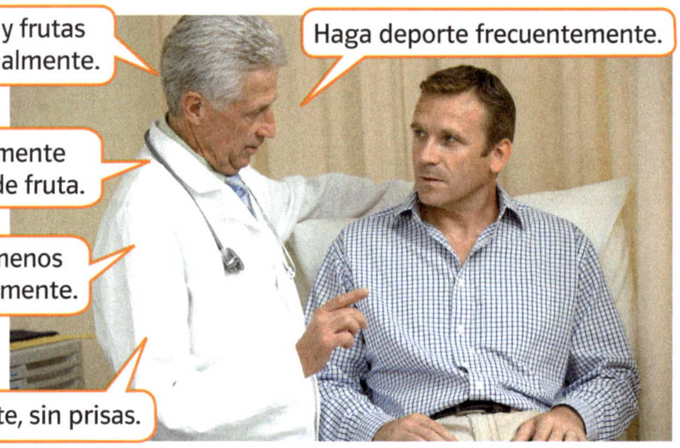

adjetivos en -o	adverbios	otros adjetivos	adverbios
tranquilo		frecuente	
diario		habitual	
		regular	

____

2 Completa el texto con las formas correctas de los adverbios entre paréntesis.

Como Jonas habla ____________ **(perfecto)** español e inglés, ha encontrado ____________ **(fácil)** unas prácticas en una oficina de información turística en Santiago de Compostela. Su jefa Silvia lo saluda ____________ **(amable)** y habla ____________ **(lento)** porque quiere que Jonas comprenda todo lo que dice. Antes de hablar de las prácticas, los dos beben ____________ **(tranquilo)** un café con leche. Silvia quiere saber por qué el joven alemán quiere trabajar en Santiago. Jonas contesta ____________ **(espontáneo)**: «Quiero trabajar ____________ **(preciso)** en Santiago por los peregrinos y por el ambiente de la ciudad».

B Para practicar

Die Adverbien von *bueno* und *malo* sind unregelmäßig. Auch die französischen Adverbien *bien* und *mal* sind unregelmäßig.

1 Completa las frases con *bien* o *bueno,-a*. → §11.4

a) Nadar es un deporte muy ____________ para la espalda.
b) La natación es un ____________ deporte para la espalda.
c) El tiempo en Málaga es siempre ____________.
d) En Málaga hace siempre ____________ tiempo.
e) Juan sabe hablar francés muy ____________.
f) Esta redacción está bastante ____________.
g) Luis ha escrito una redacción muy ____________.
h) —¿Estás ____________? —Sí, gracias.

2 Aquí tienes la descripción de Juan. Completa las frases con *muy*, *mucho* o *mucho, -a, -os, -as*. → §11.6

a) Le gusta _____ jugar al fútbol.
b) Come _____ chocolate.
c) Es _____ guapo.
d) Habla _____ .
e) Tiene _____ amigos.
f) Bebe _____ agua.

Muy steht vor einem Adjektiv oder Adverb.
Das entspricht dem französischen *très*, dem englischen *very*, dem deutschen *sehr*.

Mucho dagegen begleitet ein Verb oder steht vor dem Komparativ.
Im Französischen entspricht dies *beaucoup*.
Im Englischen *a lot* bzw. *much*.

3 Construcciones adverbiales. Escribe las frases en el orden correcto. → §11.7

a) a Tenerife / este año / posiblemente / iremos / de vacaciones

_____

b) bastante bien / bien / Juan /francés / habla / lo hablo / nada / no / pero / yo

_____

c) llegó / en el sofá / se sentó / tranquilamente / apenas

_____

d) el vocabulario / de memoria / aprendo / a menudo

_____

4 Lee las frases y escribe a qué adverbio alemán corresponden estos verbos y construcciones verbales en español. → §11.7

a) Espero que venga pronto. _____
b) Acabamos de volver de viaje. _____
c) Me gusta bailar. _____
d) He vuelto a olvidarme de su cumpleaños. _____
e) Parece que va a llover. _____

anscheinend | gerade | wieder | hoffentlich | gern(e)

C Para evitar errores

Lee la descripción en alemán del horóscopo y después completa la descripción en español con los adverbios correspondientes.

Schau dir mal dein Horoskop, nein – Horrorskop an:

Du hast du eine schlimme Woche vor dir,
alle deine Pläne gehen schief.
Sogar dein Gesundheitszustand ist im Eimer,
du kränkelst andauernd.
Nie wirst du mit deinen Aufgaben fertig,
und kaum irgendwann gibt es eine Lösung
für deine Probleme.
Zu deiner Charakterschwäche kommt hinzu,
dass du nicht sonderlich attraktiv bist,
sodass dich keiner leiden kann.
Pech für dich!

Tu semana no será muy _____ **(bien / bueno, -a).**
Todos tus planes saldrán _____ **(mal, malo, -a).**
Incluso tu salud no estará _____ **(bien / bueno, -a),**
siempre estarás _____ **(mal, malo, -a).**
No acabarás _____ **(rápido / rápidamente)** tus tareas,
y tampoco encontrarás _____ **(rápido / rápidamente)**
una solución a tus problemas.
Además de tu carácter débil,
no estás muy _____ **(bien / bueno, -a),**
de manera que nadie te quiere _____ **(muy / mucho).**
¡Mala suerte!

Vergleich und Steigerung Los grados de la comparación

A Ya sabes...

... cómo formar comparaciones de adjetivos en otras lenguas. → §12.2

Mike's car is faster than John's.
John's car is slower than Mike's.
Harry's car is as fast as Mike's.

La voiture de Stéphane est plus rapide que celle d'Aurélie.
La voiture d'Aurélie est moins rapide que celle de Stéphane.
La voiture de Martin est aussi rapide que la voiture de Stéphane.

1 Explica en alemán si es igual en español.

____

____

____

2 Montse, Raúl y Alejandro tienen coches diferentes. Compáralos.

____

____

____

B Para practicar

Ser + Adj.
bueno, malo sind Adjektive und werden normalerweise mit *ser* benutzt.

Estar + Adv.
bien, mal sind Adverbien und werden normalerweise mit *estar* benutzt.

1 Dos amigos hablan de lo que han hecho esta semana. Completa los diálogos con el adjetivo *(bueno,-a / malo,-a)* o el adverbio *(bien / mal)*. Decide si hay que usar el comparativo o el superlativo. Usa la forma adecuada. → §12.2

Juan: Ayer vi una película muy _____________ **(bueno,-a / bien)** en la televisión. Te la recomiendo.

María: Sí, yo también la vi, pero no creo que fuera tan _____________ **(bueno,-a / bien)**. Las he visto _____________ **(bueno,-a / bien)**.

Juan: ¿Qué te pasa? ¿Por qué estás de tan _____________ **(malo,-a / mal)** humor[1]?

María: Nada, es que me han devuelto un examen de inglés en el colegio y la profesora me ha dicho que está muy _____________ **(malo,-a / mal)**.

Juan: ¿De verdad? Pues a mí me ha dicho que cada vez trabajo _____________ **(bueno,-a / bien)**.

María: ¡Qué bien! Parece que eres _____________ **(bueno,-a / bien)** estudiante que yo.

Juan: No, eso no es verdad. Yo soy _____________ **(malo,-a / mal)** que tú en Matemáticas.

María: ¿Sabes? Lo _____________ **(bueno,-a / bien)** es si tú me ayudas con las Matemáticas y yo te ayudo con el Inglés. Así tendremos _____________ **(bueno,-a / bien)** notas[2].

1 **el humor** die Laune – 2 **la nota** die Note

2 Los compañeros de mi clase son muy diferentes. Completa las frases con *tanto, -a, -os, -as* o *tan*. → §12.3

a) María gasta ______________ dinero como Julia, pero no es ______________ rica.
b) Beatriz no es ______________ inteligente como Patricia, pero saca ______________ buenas notas como ella.
c) Pedro tiene ______________ amigos como Pablo, pero no es ______________ simpático.
d) Andrés no es ______________ simpático como Manuel, sin embargo, tiene ______________ amigos como él.
e) Sara, aunque no es ______________ presumida[1], compra ______________ ropa como Cristina.
f) Luis tiene ______________ hermanos como Fernando, pero no es ______________ abierto.

3 Tipi y Tape son gemelos *(Zwillinge)*. ¿Son iguales? Completa las frases. § 12.4

a) Tipi y Tape son ______________ dos gotas[2] de agua.
b) Tipi tiene ______________ edad que Tape y es ______________ de alto.
c) Ambos tienen pecas[3] y Tape tiene ______________ número de pecas que Tipi.
d) Tipi es __________ vago como Tape y Tape no trabaja __________ que Tipi.
e) Tape ______________ quedarse en casa a salir con los amigos.
f) Además, Tipi es ______________ de inteligente que Tape y Tape tiene ______________ gustos[4] que Tipi.

Zusätzlich zu *más / menos… que* und *tan / tanto… como* bietet das Spanische weitere Möglichkeiten zu steigern und zu vergleichen:
- como
- *igual que*
- *igual de* + Adjektiv + *que*
- *el mismo* + Substantiv + *que*
- *diferente a (de)*
- *superior a / inferior a*
- *preferir a*

4 A Tipi y a Tape les gustan cosas diferentes. Compara las imágenes y construye frases con las otras posibilidades de comparación *(preferir, mismo, diferente, como,* etc.) → §12.4

Lo que le gusta a…	
Tipi:	**Tape:**
 las películas de Pedro Almodóvar	 las películas de Pedro Almodóvar
 fútbol	 fútbol
 el flamenco	 la salsa
 el museo	 los conciertos
 las tapas	 las tapas
 discotecas	 cine

a) *A Tape como a Tipi le gustan las películas de Almodóvar.*
b) ____
c) ____
d) ____
e) ____
f) ____
g) ____

1 **presumido, -a** eitel – 2 **la gota** der Tropfen – 3 **la peca** die Sommersprosse – 4 **el gusto** der Geschmack

5 Aquí tienes algunos récords Guinness. Utiliza los elementos de las columnas para formar frases. → §12.5

a)	Disneylandia	parque de atracciones	grande
b)	Harry Potter	película	taquillero[1]
c)	*El Señor de los Anillos*	libro	leído
d)	Bill Gates	persona	rico
e)	La rueda	invento	importante
f)	El Everest	montaña	alto

➤ *Los Simpson* es una de las series cómicas de televisión más divertidas del mundo.

a) ______________________________

____

b) ______________________________

c) ______________________________

d) ______________________________

e) ______________________________

f) ______________________________

6 Aquí tenéis las nuevas Siete Maravillas del mundo. Relaciona cada adjetivo con el objeto al que se refiere y forma frases como en el ejemplo. Hay varias posibilidades. ¡Ciudado con la concordancia! → §12.6

Komparativ: *Juan es más inteligente que Andrés.*
Relativer Superlativ: *Juan es el más inteligente.*
Absoluter Superlativ: *Juan es inteligentísimo.*

antiguo | alto | famoso | grande | interesante | largo | lejos

a) Chichen Itzá es una construcción precolombina[2] muy interesante. Es interesantísima.

b) El coliseo de Roma es ______________.
Es ______________.

c) La estatua de Cristo redentor en Brasil es ______________. Es ______________.

d) La gran muralla[3] china es ______________.
Es ______________.

e) Machu Picchu es un complejo[4] arquitectónico ______________. Es ______________.

f) La ciudad de Petra en Jordania está ______________. Está ______________.

g) El Taj Mahal es un edificio ______________.
Es ______________.

1 **taquillero, -a** der Knüller im Kino – 2 **precolombino, -a** präkolumbisch – 3 **la muralla** die Mauer – 4 **el complejo** die Anlage

C Para evitar errores

1 Completa y fíjate en las diferencias.

a) C'est la vídeo la plus vue sur Internet.

Es el vídeo ______________ en Internet.

b) Quel est l'acteur français le moins connu ?

¿Cuál es el actor francés ______________

______________ ?

c) Ce livre est le plus lu au monde.

Este libro es ______________ del mundo.

d) Cette chanson est la moins connue des Beatles.

Esta canción es ______________ ______________

de los Beatles.

> Steht der bestimmte Artikel vor ***más*** und ***menos***, so handelt es sich um den Superlativ.
> ***la*** *chica* ***más*** *guapa*, ***el menos*** *interesante*
>
> **Achtung:**
> Das Substantiv steht also **zwischen** dem bestimmten Artikel und ***más*** / ***menos***:
> **Artikel** + (**Substantiv**) + *más / menos* + **Adjektiv**
> ***El*** ***alumno*** ~~*el*~~ *más / menos* ***inteligente***
> (Vergleiche dazu im Deutschen: **Der** intelligenteste Mann …
> Und im Französischen: **L'**homme **le** plus intelligent…)
>
> Wird das Substantiv ausgelassen, steht der Artikel direkt vor ***más*** / ***menos***.
> ***El más*** *inteligente se llama Pedro.*
> (Vergleiche dazu im Deutschen: **Der** Intelligenteste heißt Pedro.
> Und im Französischen: **Le** plus intelligent s'appelle Pedro.)

2 Julia, una alumna nueva española, ha llegado hace poco a vuestro instituto y no habla muy bien alemán. En el recreo unos compañeros de clase hablan sobre sus planes, pero ella no entiende nada. Explícale en español lo que están diciendo.

Jens: Wie war der Mathetest?
Sofia: War gut. Der Französischtest gestern war aber schwieriger.
Jens: Also ich finde Mathe am besten und deshalb sind die Arbeiten am einfachsten für mich.
Sofia: Für mich ist Mathe nicht so interessant wie Sport. Aber egal. Was hast du am Freitag vor?
Jens: Ich möchte gerne einen Tanzkurs machen. Aber ich weiß noch nicht wo. Es gibt da nämlich zwei Tanzschulen. Die eine ist billiger, aber ich müsste 20 Minuten mit dem Fahrrad fahren. Die andere ist näher und ich könnte schneller hinkommen, ist aber teurer.
Sofia: Mein großer Bruder hat letztes Jahr einen Tanzkurs gemacht. Der Tanzlehrer war einer der Besten im Land und die Freitagabende waren immer sehr witzig. Außerdem meinte er, dass die schönsten Mädchen der Stadt in diese Tanzschule gehen.
Jens: Kannst du dann bitte deinen Bruder nach dem Namen der Tanzschule fragen, weil sie besser und interessanter ist, als die Tanzschulen, die ich gefunden habe.

Jens ______________________________

Die Verneinung La negación

A Ya sabes...

En Andorra hay un concierto del grupo rockero Porteño de Buenos Aires. Montse y Pedro están al lado de unos fans franceses que parecen no estar muy contentos con el concierto.

Tú ya sabes cómo se forma la negación en francés. Lee primero lo que dicen los fans franceses. Después busca y subraya en el diálogo entre Montse y Pedro las formas de la negación en español y luego completa la regla.

Alain: C'est nul, ici. Comme on est derrière un pilier, on ne voit rien.
Sandra: Oui, mais la musique est bonne.
Alain: Pfff... la musique ne me plaît non plus. J'aurais dû le savoir. Personne ne connaissait le groupe et personne ne voulait aller à ce concert.
Sandra: Ne te plains pas. Moi, je n'aurais jamais acheté les tickets les moins chers. Et tu sais, rien n'est pire que d'être mal assis.

Montse: Oye, los franceses no están contentos porque parece que no ven nada.
Roberto: Y la música no le gusta tampoco al chico. Dice que nadie conocía al grupo y nadie quería ir a este concierto.
Montse: Pues que no se quejen. Yo no compro nunca billetes tan baratos, por eso nunca estamos detrás de las columnas durante los conciertos. Creo que no hay nada peor que eso.

__________ steht immer __________.
(oder den voran-gestellten Objekt- bzw. Reflexivpronomen).

Steht das Verneinungspronomen oder -adverb *(nada, nunca, jamás, nadie, ningún, tampoco)* nach dem Verb, muss vor dem Verb __________ stehen.

Steht das Verneiningspronomen oder -adverb __________ dem Verb, benötig man kein *no*.

B Para practicar

No (8x) | nunca (4x) | tampoco | nada (3x) | ningún (2x) | ni... ni | ninguna

1 Completa el texto con las siguientes palabras. → §13.2/13.3

Doña Positividad es una persona muy optimista. Se alegra siempre cuando hace sol porque le gusta mucho salir a pasear por el parque. Pero si llueve también se alegra.

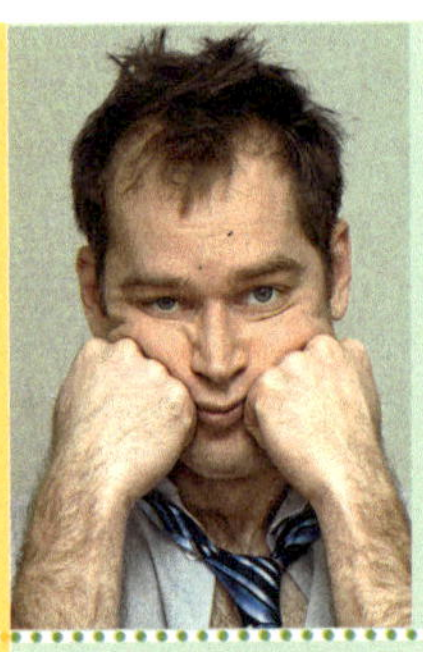

Don Negativo __________ es un persona optimista. __________ se alegra __________ cuando hace sol porque __________ le gusta __________ salir a pasear por el parque. Pero llueva o no llueva, __________ se alegra.

Un día en la vida de Doña Positividad es muy divertido. Después de trabajar sale con sus amigas para hablar o ir al cine. A veces se queda en casa y lee un libro (le gustan las historias de amor y las novelas de aventuras con final feliz) o ve la televisión. Sus programas preferidos son las series cómicas. Su lema es no ir a dormir nunca sin haber reído como mínimo una vez al día.

Un día en la vida de Don Negativo __________ es __________ divertido. Después de trabajar __________ sale con amigos porque __________ le gusta __________ hablar y __________ tiene __________ motivo para ello. __________ le gusta ir al cine. A veces se queda en casa y lee un libro (pero __________ le gustan __________ las historias de amor __________ las novelas de aventuras). __________ ve la televisón. __________ tiene __________ lema, pero prefiere ir a dormir siempre sin haber reído __________ vez ese día.

2 Julia habla de las clases en el instituto. Elige en cada caso cuál de las frases es la correcta. → §13.2/13.3

a) 1. Nuestras clases de Matemáticas son interesantes nunca.
   2. Nuestras clases de Matemáticas no son interesantes nunca.
   3. ______________________________

b) 1. ______________________________
   2. De mi clase me cae bien nadie.
   3. De mi clase me cae nadie bien.

c) 1. Los profesores no hacen divertido nada.
   2. Los profesores hacen nada divertido.
   3. ______________________________

d) 1. No tampoco tenemos exámenes fáciles.
   2. ______________________________
   3. Tenemos exámenes fáciles tampoco.

C Para evitar errores

1 Kerstin ha recibido una carta de su amiga Leonie. Su novio Raúl quiere saber qué pone en la carta y necesita a alguien que se la traduzca. ¿Puedes hacerlo tú? Escríbela en tu cuaderno.

Liebe Kerstin,

heute bin ich auf ein Konzert der Gruppe Porteño gegangen. Leider hat es mir überhaupt nicht gefallen. Nie habe ich teurere Karten gekauft, um so schlechte Musik zu hören. Die Gruppe verließ die Bühne[1], ohne ein schönes Lied gesungen zu haben.
Aber ich möchte nicht nur über Porteño schreiben. Raúl und ich verbringen die Ferien bei Raúls Tante Mónica. Weil Mónicas Sohn Javier nicht mehr zu Hause wohnt, hat sie uns Javis Zimmer überlassen. Niemand verwöhnt[2] uns mehr als Mónica. Sie ist gerade in der Stadt, um Einkäufe zu machen, und noch nicht zurückgekehrt. Heute Abend macht sie Gazpacho. Niemand kann das besser als sie …
Niemals ging es mir besser als hier!

Viele Grüße
Leonie

2 ¿Cuáles de estas frases son iguales? Subráyalas.

a) María ya no está en casa.
   1. María ya se ha ido de casa.
   2. María todavía no ha venido a casa.

b) En mi vida he estado en París.
   1. Ya conozco París.
   2. Nunca he estado en París.

c) Antes de que pase nada, vámonos.
   1. Todavía no ha pasado nada.
   2. Ya ha pasado algo.

d) No hay posibilidad alguna de hacerlo.
   1. No hay ninguna posibilidad de hacerlo.
   2. Todavía se puede hacer.

1 **el escenario** die Bühne – 2 **mimar** verwöhnen

Das Verb El verbo

A Ya sabes…

Ya conoces las conjugaciones de los verbos en latín. Son muy parecidas en español. Completa las tablas.
Fíjate bien en la última columna.

-are	
stare	
dare	
sonare	

-ēre	
habere	
videre	
tenere	

-ire	
venire	
dormire	
audire	

-ere	
dicere	
legere	
dividere	

Im Spanischen gibt es drei regelmäßige Konjugationen, die auf *-ar*, *-er* bzw. *-ir* enden. Sie werden konjugiert, indem die Endungen des Infinitivs durch die für die jeweilige Gruppe typischen Endungen ersetzt werden. Dies gilt für alle regelmäßigen Verben.

	estudiar	comer	vivir
yo	estudio	como	vivo
tú	estudias	comes	vives
él, ella, usted	estudia	come	vive
nosotros, -as	estudiamos	comemos	vivimos
vosotros, -as	estudiáis	coméis	vivís
ellos, ellas, ustedes	estudian	comen	viven

Bei den Verben auf *-er* und *-ir* sind die Endungen bei den meisten Personen gleich. Nur in der 1. und 2. Person Plural (*nosotros, -as* und ________________) unterscheiden sie sich.
Eine Person hat in allen drei Konjugationen die gleiche Endung, nämlich ______________.

B Para practicar

1 Subraya los verbos del siguiente texto y escribe en la columna correspondiente a qué conjugación pertenece cada verbo y cuál es su infinitivo. → §14.1

Me llamo Juan. Tengo 26 años. Soy economista. Vivo en San Sebastián. Llevo una vida normal, aunque algunos de mis amigos piensan que estoy un poco loco. Trabajo en una empresa de consultoría, pero mi trabajo no me gusta mucho. Si me llamaran de otra empresa, dejaría este trabajo. Si estuviera aquí mi jefe, le diría un par de cosas sobre mi trabajo. Los fines de semana esquío y hago escalada. Y en mi tiempo libre escribo en mi blog. Si quieres puedes buscarlo en Internet bajo el nombre El blog del loco. ¡Que te diviertas!

Verbos en *-ar*	Verbos en *-er*	Verbos en *-ir*

2 Clasifica los siguientes verbos según el modo. Escribe además la persona a la que se refiere. → §14.2

• admira • bailé • cantes • describiría • escribiré • funcionara • gires • huelan • inscriba • juegues • lavarán • mentiría • nada • ocuparon • pedía • querría • resaltara • subirán • tuvieran • vean

Indicativo	Sunjuntivo	Condicional	Imperativo
él / ella / usted admira	tú cantes	yo / él / ella / usted describiría	

3 Marca con una cruz el modo correcto. ¿Subjuntivo o indicativo? → §14.2

Der Modus zeigt die Sicht der Dinge. Als Faustregel gilt, dass man den Indikativ verwendet, wenn etwas als real oder wahrscheinlich angesehen wird; der *subjuntivo* drückt dagegen die Möglichkeit, Zweifel oder Unwirklichkeit aus.

a) Tienes que estudiar porque mañana ☐ tienes ☐ tengas examen de Matemáticas.
b) Tienes que ir al aeropuerto antes de que ☐ hay ☐ haya mucho tráfico.
c) Te he comprado la falda nueva para que la ☐ llevas ☐ lleves mañana a la fiesta.
d) Siempre que te ☐ veo ☐ vea estás de buen humor.
e) Cuando ☐ vayas ☐ vas a Bilbao, no te olvides de visitar el Museo Gugenheim.
f) Ya he recibido la contestación de la universidad, de modo que ya ☐ puedo ☐ pueda estudiar en España.

4 Busca las frases completas y relaciónalas con los dibujos. → §14.3

A	La paella	1	fue descubierta por los españoles en 1537.	I	
B	El cebiche	2	está hecha con arroz.	II	
C	El pimiento	3	está compuesto por trozos de pescado crudo.	III	
D	La patata	4	fue utilizado al principio como planta decorativa.	IV	

5 La voz del verbo. Transforma las frases activas en pasivas y viceversa. → §14.3

a) El cartero entrega la carta.

____

b) El puente fue diseñado por Calatrava.

____

c) El rumor ha sido difundido por la prensa.

____

d) Juan escribió esta novela cuando estaba en la universidad.

____

e) El ladrón fue detenido por la policía.

____

f) La manifestación había sido organizada por los jóvenes.

____

6 Completa la tabla con las formas que faltan. → §14.4

Infinitivo	Participio	Gerundio
hacer	hecho	haciendo
vivir		
pedir		
	sido	
		leyendo
		yendo
	descubierto	
escribir		

7 Marca la respuesta apropiada en el diálogo. → §14.4

Rosa: ¿Has **terminar / terminado / terminando** ya el trabajo?
Sara: Sí, lo tengo ya casi todo **preparar / preparado / preparando**. Me queda solo **acabar / acabado / acabando** la presentación. ¿Y tú?
Rosa: Yo acabo de **escribir / escrito / escribiendo** esta carta y me puedo **ir / ido / yendo**. ¿Te apetece **ir / ido / yendo** al cine?
Sara: Claro. Déjame **terminar / terminado / terminando** la presentación y nos vamos. ¿Qué películas están **dar / dado / dando** en el cine?
Rosa: No lo sé, pero podemos **pasar / pasado / pasando** por el cine y **mirar / mirado / mirando**. Tú sigue **hacer / hecho / haciendo** tu presentación y luego te vengo a **buscar / buscado / buscando**.
Sara: Vale. Te estaré aquí **esperar / esperado / esperando**. ¡Por cierto, una pregunta! ¿Por qué no vas con Juan al cine?
Rosa: Porque ya no estoy **salir / salido / saliendo** con él.
Sara: ¡Oh, cuánto lo siento!

C Para evitar errores

1 Lee este correo electrónico y marca en cada letra la forma correcta.

Hola, Cristina:

¿Qué tal estás? Espero que te lo [a] a muy bien durante tus vacaciones. Mira, ayer me pidió Silvia que te escribiera para [b] que necesita tu ayuda. Ya sabes que ella [c] de voluntaria en una organización internacional y [d] una traductora de inglés. Quería [e] si tu podrías ayudarla. Su organización se dedica a [f] dinero para [g] a niños pobres y [h] en 1988. Antes de que te lo [i], te quiero [j] que el trabajo está muy bien [k] y solo [l] que trabajar dos semanas. Es que [m] conseguir el apoyo de una empresa norteamericana y necesitan que alguien les [n] unos documentos. Hay mucha gente [ñ] en el proyecto y es muy urgente. Espero que te [o] la propuesta y que [p] tiempo para poder hacerlo. Te mando la dirección de Silvia para que te [q] en contacto con ella.

Un abrazo,

Carmen

a) seas pasado / hayas pasado / pasas
b) decirte / diciéndote / te dicho
c) trabaje / trabaja / trabajar
d) fueron buscando / están buscando / busque
e) saber / sabiendo / sabido
f) conseguiendo / conseguido / conseguir
g) ayudar / ayudando / ayudado
h) fue fundada / ha fundado / fundó
i) piensas / estás pensando / pienses
j) decir / diciendo / dicho
k) pagado / pagando / pagar
l) habías tenido / tendrías / hubieras tenido
m) quieran / habrán querido / quieren
n) corrigen / han corregido / corrija
ñ) interesado / interesada / interesadas
o) interesa / interesaría / interese
p) tengas / tendrías / hayas tenido
q) pones / pongas / hayas puesto

2 Traduce al español.

a) Ich würde an deiner Stelle nichts sagen.

b) Das ist doch klar: Man kann nicht betrunken Auto fahren.

c) Ich glaube nicht, dass María zum Fest kommt.

d) Dieser Aquädukt wurde von den Römern erbaut?

e) Mach dir keine Sorgen, morgen wird es nicht regnen.

f) Ich habe aufgehört zu rauchen und fühle mich jetzt viel besser.

g) Seit drei Monaten habe ich keine Schokolade mehr gegessen.

h) In Malaga isst man viel frittierten Fisch.

Der Indikativ El indicativo

A Ya sabes...

... que hay bastante paralelismo entre los tiempos en algunos idiomas, pero no siempre. Aquí tienes unos ejemplos.

Un equipo internacional está viajando en su máquina del tiempo. El intérprete automático traduce la conversación multilingüe al español. Lee primero los siguientes textos y después explica en alemán cuándo se usa el modo indicativo.

____

Jetzt haben wir unsere Zeitzone verlassen ...	Ahora hemos dejado nuestra zona de tiempo...
and soon we'll have left the third millenium behind us.	... pronto habremos salido del tercer milenio.
Was bekommen wir da wohl zu sehen?	¿Qué vamos a ver allá?
Je ne sais pas.	No lo sé.
Now it's time to concentrate...	Ahora tenemos que concentrarnos...
We're arriving to the year 3013...	Estamos llegando al año 3013...
First we'll have to check the surroundings...	Primero tendremos que controlar los alrededores...
Wer steigt als erster aus?	¿Quién va a bajar primero?
Ét qu'est-ce qu'on va faire s'ils parlent tous chinois ?	¿Y qué vamos a hacer si hablan todos chino?

B Para practicar

1 Completa los diálogos con los verbos de la derecha. ¡Fíjate en la persona! → §15.2

a) Luis: ¿Mañana ________________ **(empezar)** a llover?

b) Juan: ________________ **(pensar)** que no.

c) Luis: ¿________________ **(querer)** ir entonces a la playa?

d) Juan: Me ________________ **(morir)** de ganas de ir a la playa.

e) Luis: Yo ________________ **(poder)** llevar un balón y ________________ **(jugar)** al fútbol.

2 Julio y Sofía son novios, pero siempre están discutiendo. Completa con la forma adecuada de los verbos entre paréntesis.
→ §15.2

Julio: Yo siempre ________ **(hacer)** lo que tú quieres.

Sofía: Eso no es verdad. Tú nunca ________________ **(hacer)** lo que yo digo (decir).

Julio: Yo siempre ______ **(ir)** a casa de tus padres a visitarlos.

Sofía: ¿Siempre? ¡Si solo ______ **(ir)** una vez al año!

Julio: Tú nunca ________________ **(agradecer)** lo que yo ________________ **(hacer)** por ti.

Sofía: ¿Pero qué ________________ **(decir)**? Si yo siempre ________________ **(reconocer)** lo amable que eres.

3 Lee estas descripciones de la vida de algunas personas. Completa los textos con los verbos necesarios en presente de indicativo. → §15.3

a) Amparo y Sergio:

• ordenar • comprar • escuchar • estar • estudiar • hacer • ir (2x) • lavar • ver • preparar • ser (2x) • tener • trabajar(2x)

Amparo y Sergio ____________ casados. Amparo ____________ informática y ____________ en una empresa muy grande de Bilbao. Sergio ____________ profesor de música y ____________ en un instituto.

Después del trabajo, Amparo ____________ al mercado y ____________ pescado o carne para la cena. Sergio ____________ a casa y ____________ el piso. En casa, ella ____________ italiano y él ____________ música. Por la noche, Sergio ____________ la cena y ella ____________ los ejercicios de italiano porque ____________ muchos deberes.

Después de cenar, Amparo y Sergio ____________ los platos juntos y después ____________ la televisión.

b) Pedro:

• bailar • comer • desayunar • dormir • estar • leer • hablar • hacer • ir (3x) • levantarse • querer • regresar • ser

Pedro está soltero y es un donjuán. Por las mañanas duerme hasta la una. Después se levanta, desayuna un té verde y hace yoga. Después come en un restaurante vegetariano.

Por las tardes ____________ al gimnasio porque ____________ estar en forma y después ____________ a cenar a un restaurante diferente cada noche. A las 12 de la noche ____________ a la discoteca donde ____________ y ____________ con muchas chicas. ____________ tarde a casa y ____________ un poco antes de ir a dormir.

4 Relaciona los elementos de las dos columnas para formar pequeños diálogos. → §15.5

Das *pretérito perfecto* bildet man ausschließlich mit dem konjugierten Präsens von *haber* und dem unveränderlichen Partizip des Verbs.

¿Ya se ha ido Pedro?	A	1	Sí, ya hemos comprado los billetes de avión.
¿Por qué no comes más?	B	2	Sí, he pasado yo esta mañana por la panadería.
¿Tenéis ya todo preparado?	C	3	Seguramente no has estudiado mucho.
¿No queda más pan?	D	4	Es que he tomado ya algo antes de venir.
El examen me ha salido fatal.	E	5	Sí, hoy se ha dado mucha prisa.

5 Busca en el recuadro las expresiones que se corresponden a las siguientes frases. Después completa como en el ejemplo. → §15.5

• ~~suspender el examen~~ • sacar un disco nuevo • tener un accidente • casarse • ganar un viaje • robar una moto

a) Sofía está llorando. *Ha suspendido el examen.*

b) María está muy contenta. ____________

c) Juan lleva un anillo en el dedo. ____________

d) Están firmando autógrafos. ____________

e) Lleva una venda en el brazo. ____________

f) Está en la comisaría de policía. ____________

6 Relaciona los elementos de las dos columnas y haz frases como en el ejemplo. Hay varias posibilidades. → §15.6

Die Endungen der Verben auf *-er* und *-ir* sind im *pretérito imperfecto* identisch.

Nur die Verben *ser*, *ir* und *ver* haben unregelmäßige Formen in *pretérito imperfecto*.

a) En los años setenta
b) Hace años
c) En aquella época
d) Cuando era joven,
e) Entonces
f) Hace veinte años
g) Antes

1. no **(existir)** el rap
2. muchos jóvenes **(escuchar)** a los Beatles
3. se **(vivir)** mejor
4. se **(hablar)** del movimiento hippie
5. los inviernos **(ser)** más fríos
6. no **(haber)** turistas en Mallorca
7. se **(llevar)** la minifalda

a) En los años setenta muchos jóvenes escuchaban a los Beatles.
b) ______
c) ______
d) ______
e) ______
f) ______
g) ______

7 Susana ha cambiado mucho. ¿Cómo era antes? Escribe un texto que describa a Susana en el pasado en comparación a la Susana de hoy. → §15.6

Susana es una joven muy simpática. Tiene muchos amigos y le encanta salir por la noche. Le gusta hacer deporte y lleva una vida sana. Es muy ordenada, duerme ocho horas al día, va regularmente al gimnasio y solo usa el coche cuando es necesario, sino va siempre a pie. Siempre tiene una sonrisa en su cara.

Pero antes no era así. Hace dos años Susana no era tan simpática...

8 Escribe si la forma del verbo está en presente o en indefinido. → §15.7

1. Escribimos el email y nos marchamos a casa ¿Te parece bien?	presente
2. Escribimos el email y nos marchamos a casa. Estábamos muy cansados.	indefinido
3. Buscamos una blusa para Julia, pero ninguna le gustaba.	
4. Buscamos una blusa para Julia. ¿Nos quieres acompañar?	
5. Jugamos a las cartas y después cenamos, pero Juan no se quiso quedar a cenar.	
6. Jugamos a las cartas y después de cenar vamos al cine, ¿vale?	
7. Llegamos a las cinco. ¡Espéranos!	
8. Llegamos a las cinco y todo el mundo se había ido ya.	

9 Relaciona estos acontecimientos históricos y escribe frases como en el ejemplo. → §15.7

a) Abril de 1912
b) 1928
c) 14 de julio de 1789
d) 23 de abril de 1616
e) Verano de 1992
f) 1808
g) 21 de julio de 1969
h) 1945
i) 12 de octubre de 1492
j) Noviembre de 1989

El hombre llega a la Luna.
Descubrimiento de América
Fin de la Segunda Guerra Mundial
Caída del Muro de Berlín
Hundimiento del Titanic
Juegos Olímpicos de Barcelona
Toma de la Bastilla
Muerte de Cervantes
Descubrimiento de la penicilina
Publicación de Fausto

a) *En Abril de 1912 se hundió el Titanic.*
b)
c)
d)
e)
f)
g)
h)
i)
j)

10 Relaciona los elementos de las dos columnas y haz frases como en el ejemplo. Hay varias posibilidades. → §15.6

Das *pretérito pluscuamperfecto* bildet man mit dem konjugierten *pretérito imperfecto* von *haber* und dem unveränderlichen Partizip des Verbs.

Javier: ¿Sabes que no pude hacer el examen de Matemáticas?
Manuel: ¿Y por qué no?
Javier: Me desperté muy pronto y todavía no ______ **(sonar)** el despertador, pero entonces me volví a dormir y no lo oí cuando sonó. Me fui de casa sin desayunar, aunque mi madre ya me ______ **(preparar)** el desayuno. Cuando llegué a la estación, el tren ya ______ **(marcharse)**. Quise llamar por teléfono a la secretaría del cole, pero no ______ **(recargar)** la batería del móvil. Me encontré con Luis y Andrés que también ______ **(perder)** el tren. Quisimos tomar un taxi, pero los tres ______ **(olvidarse)** la cartera con el dinero en casa. Al final pudimos tomar el siguiente tren. Cuando llegamos al colegio, el examen ya ______ **(terminar)** y el profesor ya ______ **(irse)**.
Manuel: ¡Qué mala suerte!
Javier: Pues sí.

11 Subraya la opción correcta como en el ejemplo. → §15.9

a) Elena se ha marchado de viaje. ☐ 1. la semana pasada ☒ 2. esta mañana
b) Llovió todo el día. ☐ 1. el lunes de la semana pasada ☐ 2. esta mañana
c) He conocido al novio de Patricia. ☐ 1. el lunes pasado ☐ 2. este fin de semana
d) Estuvo todo el día en casa. ☐ 1. hace una semana ☐ 2. esta mañana
e) No ha contado nada. ☐ 1. ayer ☐ 2. desde esta tarde
f) La hemos llevado al hospital porque no se sentía bien. ☐ 1. hoy ☐ 2. ayer
g) Al final no fuimos a la playa. ☐ 1. el fin de semana pasado ☐ 2. hoy

12 Subraya la forma correcta. → §15.9

Ana: Oye, la película va a empezar enseguida. ¿Aún no **has comprado / compraste** palomitas?
Carmen: Sí, aquí tienes. Por cierto ¿**has visto / viste** alguna película interesante últimamente?
Ana: Sí, hace un par de semanas he **visto / vi** una película muy buena de acción y este fin de semana **he estado / estuve** en el cine también.
Carmen: Este fin de semana te lo **has pasado / pasaste** muy bien, ¿verdad?
Ana: Sí, pero tú, ¿qué has **hecho / hiciste** el domingo?
Carmen: He **estado / Estuve** con Pilar.
Ana: ¿Y qué cuenta?
Carmen: Esta tarde no **he hablado / hablé** con ella, pero el domingo me ha **dicho / dijo** que vendría después con nosotras a tomar un café. Me **contó / ha contado** que **tenía / tuvo** un trabajo nuevo que le **gustaba / ha gustado** mucho. Y además me **comentó / ha comentado** que ya no **salía / ha salido** con Pedro, que lo **habían dejado / dejaban** y que **tuvo / tenía** un novio nuevo.
Ana: ¿Todo eso te **contó / contaba**?

13 ¿Conoces el cuento de La Bella y la Bestia? Escribe el comienzo del cuento utilizando la información del recuadro. → §15.9

a) Una joven buena y guapa
b) Llamarse Bella
c) Vivir cerca de un bosque misterioso
d) Su padre perderse en el bosque
e) Su padre encontrar refugio en un castillo abandonado
f) Antes de volver a casa, su padre robar una flor del jardín del castillo
g) Aparecer el propietario
h) El propietario ser un monstruo feo y huraño
i) Llamarse Bestia
j) El propietario pedir al padre dar a su hija a cambio de la flor
k) El padre aceptar
l) Bella llegar al castillo y tener miedo del monstruo
m) Bella ver a Bestia y tener miedo de él
n) Poco a poco Bella enamorarse

Había una vez una joven que era muy buena y muy guapa.

14 Pedro tiene ocho años y sueña con ser astronauta. Esta es la redacción que ha escrito a su profesora para hablar de su futuro. Completa la carta con los verbos siguientes. → §15.10

decir | hacer | ir | poner | tener (2x) | ser (2x)

Cuando sea mayor quiero ser astronauta. ________ a Marte y ________ el primer hombre en pisar el Planeta Rojo. ________ que estudiar mucho y ________ mucho deporte para estar en forma. Cuando llegue a Marte, ________ una bandera en nombre del Planeta Tierra y ________ unas palabras para la humanidad. Cuando vuelva a la Tierra, ________ mucho dinero y seré famoso.

Um das **Futur I** zu bilden, werden bei allen Verbgruppen dieselben **Endungen** an den Infinitiv gehängt. Das [r] gilt als Zukunftszeichen.

Die Endungen sind dieselben wie bei den regelmäßigen Verben, nur der **Stamm** ist unregelmäßig. Auch hier findet sich überall das [r].

15 Escribe si las siguientes frases expresan una acción en el futuro, una suposición o una prohibición. → §15.10

En cuanto tenga un trabajo ahorraré todos los meses 200 euros.	Futuro
¿Hará bueno mañana?	
Ellos no saldrán antes de las tres de la tarde.	
Tu padre ha dicho que no irás a Valencia.	
En verano iré a San Sebastián a visitar a mis amigos.	
Este fin de semana iremos a comer a un restaurante vasco.	
María todavía no ha vuelto a casa. ¿Tendrá mucho trabajo?	

16 Haz suposiciones para cada ejemplo: dos en futuro simple y dos en futuro compuesto. → §15.10/11

Das Futur II bildet man mit dem konjugierten Futur I von ***haber*** und dem unveränderlichen **Partizip** des Verbs.

Hoy tu profesor de matemáticas no ha venido a clase.

Futuro simple	Futuro compuesto
Estará enfermo.	Habrá perdido el autobús.

Juan se ha comprado un coche nuevo.

Futuro simple	Futuro compuesto

Sofía se va a vivir a Mallorca.

Futuro simple	Futuro compuesto

C Para evitar errores

1 El señor Müller es profesor de español y tiene que corregir muchos exámenes. Como hoy está muy cansado, tienes que ayudarlo. Busca los errores en el examen y corrígelos.

¡CUIDADO!

Examen n.º 1

Escribe una carta a tu amiga española Graciela.

Hola, Graciela:

Hoy Florian y yo somos llegados a Madrid. Florian es aquí por primera vez y la capital de España nos gustamos mucho.

Yo ya había sido en Madrid cuando era pequeña. Vine algunas veces a Madrid porque mi padre ha trabajado en una empresa internacional e íbais muchas veces a trabajar a Madrid y nosotros lo acompañábamos.

Después de nuestra llegada, empezamos a visitar la ciudad. Nunca hubiera creido que Madrid fuera una ciudad tan interesante. En seguida Florian compro postales y tomó fotos de todos los monumentos de la ciudad. Antes no le interesó nada la historia, pero ahora quiere saberlo todo. Ha se comprado muchos libros sobre Madrid y ya ha leido la mitad. Yo no se nada de todo eso. A mí interesa más callejear y probar las tapas.

Florian tiene una tía en Madrid que ya ha venida a vernos. Se llama Montse y está muy simpática. Florian y yo estamos invitado a la fiesta de cumpleaños de Montse que se celebrará mañana por la noche, pero por la mañana si no llove, quieremos visitar el parque del Retiro y vamos montarnos en las barcas.

Bueno, es todo. Hasta pronto.

Abrazos,

Nicole

2 Relaciona las frases con el significado correspondiente de la derecha.

a) En verano íbamos a la playa a tomar el sol. ☐ 1. Todos los veranos ☐ 2. Un verano

b) Sonó el teléfono cuando todos se fueron. ☐ 3. Mientras se iban empezó a sonar el teléfono. ☐ 4. Primero se fueron y después sonó el teléfono.

c) Por la noche mi madre me daba un beso. ☐ 5. Ayer por la noche ☐ 6. Todas las noches

d) Me estaba duchando y llamaron a la puerta. ☐ 7. Mientras me duchaba llamaron a la puerta. ☐ 8. Primero me duché y luego llamaron a la puerta.

e) Cuando era pequeño fui al zoo. ☐ 9. Todos los fines de semana ☐ 10. Una vez

Das *condicional* El condicional

A Ya sabes…

… que el condicional español corresponde a dos formas equivalentes en alemán (por ejemplo: vendría *ich käme / ich würde kommen*). Sin embargo, en algunos casos es diferente.

Lee los siguientes consejos.

Consejos del corazón entre amigas

Carmen: Was ist mit dir los, Dolores? Du siehst ja ganz verheult aus.
Dolores: Ach Carmen! Ich konnte Diego umbringen. Er geht jetzt mit einer Blondine aus … und dieser Blödmann hatte mir doch gesagt, dass er sie nie mehr sehen würde.
Carmen: Könntest du mir das genauer erklären? Ist das etwa die aus Madrid?
Dolores: Ich würde den gerne mal mit diese Göre sehen, oder vielleicht auch lieber nicht!
Carmen: Ach, mach dir doch nicht so viel aus ihm. Hör mal: Wir könnten ja mit meinen beiden Nachbarn ausgehen. Was hältst du davon? Das brächte dich auf andere Gedanken …

Carmen: ¿Qué te pasa, Dolores? Pareces tan triste.
Dolores: ¡Ay, Carmen!. Me gustaría matar a Diego. Está saliendo con una rubia… Y este tonto me había dicho que no la vería nunca más.
Carmen: ¿Podrías explicármelo mejor? ¿No sería esa madrileña?
Dolores: Sí. Me gustaría hablar con esa chica y también con Diego, o mejor que no.
Carmen: No deberías hacerle tanto caso. ¡Escucha! Podríamos salir con mis dos vecinos. ¿Qué te parece? Eso te haría pensar en otra cosa…

Das spanische *condicional* dient, im Gegensatz zum Deutschen, auch dazu, Vermutungen und das Futur in der Vergangenheit auszudrucken. An welchen Verben in den Dialog wird dies deutlich?

B Para practicar

1 María quiere hacer una fiesta en su casa, pero necesita que sus amigos la ayuden a prepararlo todo. Busca en el texto los verbos en condicional y completa la tabla. → §16.1.1

María: Hola, chicos. Gracias por venir. Luisa, ¿me podrías ayudar a poner la mesa?
Luisa: Sí, claro, pero yo no la pondría ahí. Creo que en el jardín estaría mejor.
María: Ya, ya lo sé, pero he oído que va a llover. Tendríamos que cambiarlo todo si llueve.
Pedro: Eso no es un problema, yo te ayudaría.
María: Vale, entonces… ¿Dónde está Ángel? Él me comentó que haría una ensalada de gambas para la fiesta y todavía no ha venido.
Luisa: No te preocupes: él dijo que vendría.
María: De acuerdo. ¿Queréis tomar algo?
Pedro: A mí me encantaría tomar un refresco.
Luisa: Yo preferiría comer algo.
María: ¿Os gustaría escuchar un poco de música mientras esperamos al resto?
Luisa: Sí, claro.

Um das *condicional simple* zu bilden, werden bei allen Verbgruppen die Endungen des *pretérito imperfecto* der Verben auf *-er / -ir* an den Infinitiv gehängt.

Beim unregelmäßigen Verben entspricht der Stamm dem des Futur I. Die Endungen sind dieselben wie bei den regelmäßigen Verben.

verbos regulares		**verbos irregulares**	
ayudar	ayudaría	hacer	haría
encantar		poder	
gustar		poner	
preferir		tener	
estar		venir	

2 Juan acaba de tirar una moneda al pozo de los deseos. ¿Qué crees que desea? Escribe cuatro deseos. → §16.1.3

a) A Juan le gustaría ________

b) A Juan no le gustaría ________

c) Juan querría ________

d) Juan no querría nunca ________

3 Dos amigas están hablando de sus cosas. Una de ellas no se puede decidir. Mira el modelo y aconseja según la situación. → §16.1.3

a) No sé si ir de vacaciones a México o a Colombia.
Yo en tu lugar iría a Colombia.

b) No sé si ir a ver una película romántica o una película de acción. ________

c) No sé si salir esta noche o no. ________

d) No sé si comer una hamburguesa o una ensalada. ________

4 ¿Qué dirías en las siguientes situaciones? Formula una pregunta para cada situación. → §16.1.3

a) Estás en el tren, hace calor y quieres que la persona que está sentada a tu lado abra la ventana.
____

b) Estás en clase y no oyes nada porque el profesor habla muy bajo y tus compañeros están hablando todo el rato. Le pides al profesor que hable más alto.
____

c) Te has olvidado el reloj en casa y no sabes la hora. Le pides a un desconocido que pasa por la calle que te diga la hora.
____

d) Eres nuevo en la ciudad y no sabes qué camino tomar para ir a la estación de autobuses.
____

5 El fin de semana pasado preparaste una fiesta en tu casa y tu mejor amigo, Jörn, no vino. No sabes qué sucedió, así que tienes que hacer suposiciones en el pasado. Aquí tienes algunas posibilidades. Construye las frases. → §16.1.3

no acordarse de tu dirección | olvidarse | ~~estar enfermo~~ | querer ver el partido de fútbol por la tele | tener un compromiso muy importante | estar enfadado contigo

a) *Estaría enfermo.*

b) ________

c) ________

d) ________

e) ________

f) ________

6 Di si los siguientes condicionales expresan deseo, petición, recomendación, posibilidad o suposición. → §16.1.3

a) Querría comprar algo para comer antes de entrar en el cine. ______________

b) Serían las tres cuando llegaron. ______________

c) Podríamos ir todos juntos. Es más divertido. ______________

d) Me encantaría poder saludarlo. ______________

e) No estaría mal regresar antes. ______________

f) ¿Te importaría ayudarme con los deberes de Matemáticas? ______________

7 Relaciona las frases de las dos columnas. → §16.2

Ayer estuve con fiebre todo el día.	A	1	Si no, habría tenido que ir a vivir con mis padres.
No tenía más tiempo.	B	2	Si no, lo habríamos esperado para cenar.
Todavía no tengo el carnet de conducir.	C	3	Si no, habría ido al cine con mis amigas.
He encontrado un trabajo.	D	4	Si no, habría terminado mis deberes.
No sabíamos a qué hora llegaba.	E	5	Si no, habría ido a la fiesta en coche.
El tren llegó a tiempo.	F	6	Si no, habría tenido que llamar a un taxi.
No tenía más dinero.	G	7	Si no, os habría llamado.
No me lo estaba pasando bien.	H	8	Si no, no habría ido al banco.
No sabía que teniáis problemas.	I	9	Si no, no habría vuelto tan pronto de la fiesta.

8 Completa las frases con el condicional compuesto. → §16.2

enfadarse | tener (2x) | salir | ver | pensar | comprar | estar | ir

> Das *condicional compuesto* drückt den Irrealis aus, oft eine „verpasste Gelegenheit".
> Man bildet es mit dem konjugierten *condicional simple* von *haber* und dem Partizip Perfekt, das nicht verändert wird.

a) ★ ¿Por qué no vendría Carmen a trabajar ayer?
★ Pues no lo sé, ______________ enferma.

b) ★ ¿Por que no diría Carmen la verdad el lunes pasado?
★ Quizás ______________ miedo o ______________ que era mejor así.

c) ★ ¿Por qué no le daría Carmen el regalo a Pedro el martes pasado?
★ No lo sé, no le ______________ nada.

d) ★ ¿Por qué no compraría Carmen el coche nuevo el mes pasado?
★ Quizás no ______________ dinero suficiente.

e) ★ ¿Por qué no podría Carmen ayudarme el sábado pasado?
★ No sé, quizás ______________ de viaje.

f) ★ ¿Por qué no iría Carmen el fin de semana pasado a casa de sus padres?
★ Quizás ______________ con ellos.

g) ★ ¿Por qué no me llamaría el viernes pasasado?
★ No lo sé. Quizás ______________ a tomar algo con su novio.

h) ★ ¿Por qué no me saludaría Carmen el jueves pasado?
★ No lo sé. Quizás no te ______________.

C Para evitar errores

1 Traduce las siguientes frases al español. Utiliza el condicional simple.

a) Würdest du gerne mit mir ins Kino gehen?

___

b) Clara hat gesagt, dass sie noch ein bisschen bleiben würde.

___

c) Im Wetterbericht wurde gesagt, heute würde die Sonne scheinen.

___

d) Würdest du einen Mann wie ihn heiraten?

___

2 Traduce las siguientes frases al español. Utiliza el condicional compuesto.

a) Mit mehr Zeit hätte ich die Prüfung bestehen können.

___

b) Du hättest es sagen müssen, als wir dich fragten.

___

c) Ich wäre gerne mit dem Flugzeug nach Italien geflogen.

___

d) Wäre es besser gewessen?

___

3 Escoge la forma correcta del verbo.

Lupe: Wie wird das Wetter morgen?
Raúl: Weiß ich nicht, aber in der Wettervorhersage hat es geheißen, dass es morgen 28° warm wird.
Lupe: Das ist es nicht, was ich wissen wollte. Ich wüsste jetzt nur gerne, ob es morgen sonnig wird oder ob es dann regnet.
Raúl: Jetzt fällt's mir wieder ein: Heute Morgen stand schon fest, dass morgen die Sonne scheint und dass es nicht zum Regnen kommt. Warum ist dir das so wichtig?
Lupe: Weil ich morgen zum Friseur gehe.

Lupe: ¿Qué tiempo **hará / haría** mañana?
Raúl: No lo sé, pero en el pronóstico del tiempo dijeron que mañana **tendríamos / tuvimos** 28 grados.
Lupe: Eso no es lo que **quise / quería** saber. Solo **quería / voy** a saber ahora si **hará / ha hecho** sol o si ha **llovido / va** a llover mañana.
Raúl: Ahora me acuerdo: hoy por la mañana ya estaba claro que mañana **hizo / haría** sol y que no **iba / fue** a llover. ¿Por qué te importa tanto?
Lupe: Porque mañana **iría / voy** a ir a la peluquería.

4 Relaciona las frases.

¿Podrías ayudarme	A
Me encantaría ir al concierto, pero	B
¿Sabrías decirme a qué hora	C
¿Tendrías otro bolígrafo	D

1	empieza el examen?
2	para prestarme?
3	a repartir los periódicos esta semana?
4	tengo que estudiar este fin de semana.

Der *subjuntivo* El subjuntivo

A Ya sabes...

... que los franceses usan *le subjonctif* y los españoles *el subjuntivo*.

En la clase de Montse los alumnos no están muy motivados y los profesores, después de corregir los exámenes, están enfadados y hablan con los alumnos.

El profesor de Francés :
« J'exige que vous fassiez vos devoirs et je veux que vous appreniez le vocabulaire. A part cela, il est absolument nécessaire que vous soyez plus attentifs. Ne parlez pas pendant les cours. Il est important que vous participiez plus au cours. J'espère que vous aurez de meilleures notes. »

El profesor de Matemáticas:
«Exijo que hagáis los deberes y quiero que aprendáis las fórmulas. Además es absolutamente necesario que estéis más atentos. No charléis en clase. Es importante que habléis menos y os concentréis en los ejercicios. Espero que tengáis mejores notas la próxima vez».

Lee lo que pasa en la clase de Montse. Marca las formas *du subjonctif / del subjuntivo* y compara su uso. Explica qué es igual y qué es diferente.

B Para practicar

1 Completa el crucigrama con las formas del presente de subjuntivo. → §17.1

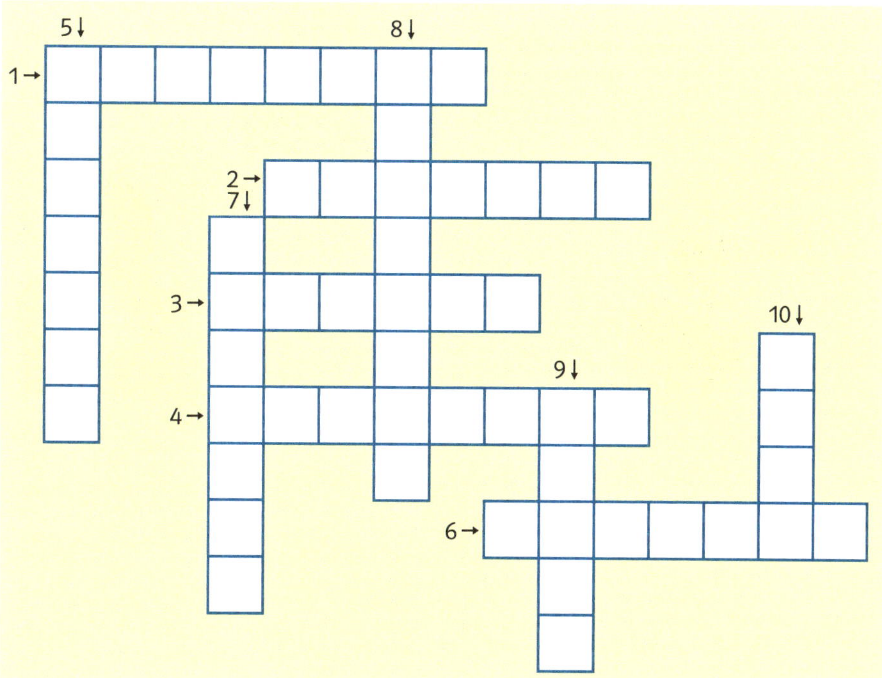

1 devolver (1. pers. sing.)
2 venir (2. pers. pl.)
3 sacar (3. pers. pl.)
4 empezar (3. pers. pl.)
5 dormir (2. pers. pl.)
6 perder (3. pers. pl.)
7 estar (1. pers. pl.)
8 vengar (2. pers. pl.)
9 elegir (1. pers. sing.)
10 saber (1. pers. sing.)

2 Julia y Sonia hablan sobre sus hijos. Completa el diálogo con las formas del imperfecto de subjuntivo. → §17.3

> Beim *imperfecto de subjuntivo* gibt es zu den Endungen auf *-ra* die Endungen auf *-se.*

Julia: Me gustaría que mis hijos ____________________ **(ordenar)** su habitación.

Sonia: En mi casa pasa lo mismo.

Julia: Si mis hijos me ____________________ **(ayudar)** en casa, tendríamos más tiempo para ir al cine, hacer excursiones todos juntos…

Sonia: ¡Así es! Si ____________________ **(tener)** exámenes es otra cosa, pero ahora están de vacaciones. Además, no solo eso. A mí me encantaría que ____________________ **(salir)** menos de noche y ____________________ **(visitar)** más a su abuela.

Julia: Tienes razón. Y que ____________________ **(ver)** menos la tele y ____________________ **(ir)** más a la piscina.

3 Elige cuál de estas expresiones se corresponde con los dibujos de abajo y escribe la letra correcta. Hay dos expresiones que no tienes que utilizar. → §17.5.1

☐ cumplir muchos más	☐ mejorarse	☐ pasárselo bien	☐ aprobar el examen bien
☐ descansar	☐ ser muy feliz	☐ tener suerte	☐ tener un buen fin de semana

a) A Luis le duele la cabeza y está muy resfriado.

d) Juan se va a la cama. Tú le das las buenas noches.

b) Dos vecinos tuyos acaban de casarse.

e) Es el cumpleaños de tu mejor amiga.

c) Tu hermano va a pasar un año en La Habana.

f) Hoy es viernes y después de clase, tú te despides de tus compañeros.

4 Escribe que les desearías a las personas que se encuentran en las situaciones de los dibujos del ejercicio 3.

a) ¡Que te mejores!

d) ____________________

b) ____________________

e) ____________________

c) ____________________

f) ____________________

5 Paula, Maite y Sofía quieren ir a un concierto este fin de semana. Completa las frases con la forma correcta del verbo en subjuntivo o en indicativo. Ten en cuenta la explicación del recuadro. → §17.5.2

Einige Adverbien können mit *indicativo* oder *subjuntivo* stehen: Gilt eine Aussage als wahrscheinlich, verwendet man den Indikativ. Gilt sie hingegen als zweifelhaft, benutzt man den *subjuntivo*.

Paula: Bueno, entonces vamos el viernes por la tarde al concierto, ¿no?

Maite: No sé, ojalá ________________ **(poder)** ir.
Posiblemente ________________ **(ser)** muy bueno, pero tengo que preguntárselo a mis padres. Tal vez me ________________ **(dejar)** ir, pero no es seguro.

Sofía: ¿Quieres que hable yo con ellos?
Quizás ________________ **(conseguir)** convencerlos.

Maite: Sí, si se lo preguntamos juntas, probablemente me ________________ **(permitir)** ir.

Paula: Ojalá te lo ________________ **(permitir)**. ¡Nos lo pasaríamos genial!

6 Escribe las siguientes expresiones en la tabla de abajo. → §17.6

Es increíble … | Deseo … | No estoy convencido, -a de … | Es cierto … | Me parece … | No creo … | No pienso … | Es obvio … | Es posible … | Me molesta … | Es una lástima … | Dudo … | Es evidente … | Me parece bien / mal … | No soporto … | Es lógico … | Creo … | Pienso … | Espero … | Está claro …

indicativo		subjuntivo	
	… que el dinero **es** importante.		… que el dinero **sea** importante.

7 Paula y María están buscando al profesor de Español. Cuando llegan a la sala de profesores se encuentran con este caos. Empiezan a hacer suposiciones sobre lo que está pasando. Marca el verbo adecuado. → §17.6.1

Paula: Pero, ¿qué pasa aquí? Seguro que la señora García, la profe de Latín, **está hablando / esté hablando** con su novio y está claro que **está / esté** muy enamorada de él.

María: Pues yo no creo que la señora García **está hablando / esté hablando** con su novio. Puede ser que se **está riendo / se esté riendo** porque está hablando con alguna amiga. ¿Y qué le pasa al profe de Química?

Paula: Supongo que el señor López **está preparando / esté preparando** un experimento para la clase y **necesita / necesite** oscuridad, por eso está debajo de la mesa.

María: No es cierto que el señor López **está preparando / esté preparando** un experimento porque no tiene ninguna clase de Química hoy. ¡Ah! ¡Mira! Quien está contento es el señor Urrutia. Me parece que **ha ganado / haya ganado** la lotería.

Paula: ¡Qué tontería! Dudo que él **ha ganado / haya ganado** la lotería porque no juega nunca y no creo que **está / esté** contento. A mí me parece que **se comporta / se comporte** de una manera muy rara. Lo que yo creo es que nosotros, los alumnos, los **hemos vuelto / hayamos vuelto** locos.

María: Estoy convencida de que **tienes / tengas** razón.

8 Utiliza estas expresiones para reaccionar ante las situaciones de abajo: → §17.6.1

(No) Te gusta… | Te pone triste… | Odias… | Te sorprende… | Te molesta… | Te fastidia… | Te parece bien / mal… | Te alegras… | Tienes miedo de…

a) Tus compañeros de clase no te invitan a una fiesta.
Me molesta que mis compañeros de clase no me inviten a la fiesta.

b) Tu madre te despierta el domingo a las 7 para ir a correr.
____

c) Tu hermano te lleva el desayuno a la cama.
____

d) Una compañera de clase lleva el mismo vestido que tú.
____

e) La profesora de español no se acuerda nunca de tu nombre.
____

f) Tú quieres ir un año a EE.UU. y no sabes si tu madre te dejará ir.
____

g) Tu mejor amiga ha ganado un premio de teatro.
____

9 Este año ha llegado al colegio, María, una nueva compañera. Todo el mundo la llama «la marimandona[1]». Completa las frases. → §17.6

No sé cuánto tiempo más podremos seguir así. María es insoportable.
Queríamos ir a ver la nueva película de Penélope, pero María ha propuesto que ________________ **(ir)** a ver otra película. A nosotros nos gusta mucho Penélope, pero María ha hecho que ________________ **(cambiar)** de opinión y finalmente vamos a ir a ver una película de otra actriz.
Además, nos ha pedido que no ________________ **(comer)** palomitas[2] en el cine y no nos permite que ________________ **(beber)** nada porque le molesta el ruido.
Queríamos ir a la sesión de las 16:00, pero María necesita que alguien la ________________ **(llevar)** primero a la estación y por eso nos ha obligado a que ________________ **(ver)** la película de las 18:00.
Es más, nos ha prohibido que ________________ **(entrar)** antes que ella. Y nos ha ordenado que todas ________________ **(salir)** juntas del cine.
No puede permitir que alguien ________________ **(tomar)** decisiones por ella. Quiere siempre mandar y espera que todos nosotros la ________________ **(obedecer[3])**.

10 En el pasillo de tu colegio están colgados estos carteles. Lee y resume lo que has leído usando para ello siempre construcciones de subjuntivo. → §17.6.1

Planeta verde lucha por salvar el planeta. Para ellos es necesario que ________________________________

____

____

____

Los Indignados protestan contra la pobreza. Para ellos es intolerable que ________________________________

____

____

____

1 **una marimandona** eine Frau / ein Mädchen, die / das immer bestimmen möchte – 2 **las palomitas** das Popcorn – 3 **obedecer** [-zco] gehorchen – 4 **intolerable** nicht hinnehmbar

11 Completa las frases con los verbos correctos en presente o imperfecto de subjuntivo. → §17.6.2

Cuando yo era pequeña, me encantaba visitar a mi abuelo. Me gustaba que ______________ **(ser)** tan divertido y siempre ______________ **(jugar)** conmigo. Sin embargo, ahora no me gusta que ______________ **(ser)** tan gruñón[1] y que nunca ______________ **(estar)** contento. Antes me divertía que él todas las semanas ______________ **(hacer)** deporte, pero ahora no soporto que no ______________ **(hacer)** nada y se ______________ **(pasar)** todo el día sentado en su sillón. Además, antes me fascinaba que ______________ **(celebrar)** grandes fiestas en su casa y ahora me molesta que no ______________ **(querer)** ver a nadie.

12 Tu sobrino Alex de cuatro años está en tu casa y te hace muchas preguntas. Contéstalas: utiliza los siguientes verbos y *para* o *para que*. → §17.7.1

crecer sano | ver mejor | descansar | estropearse[2] los dientes | ponerse enfermo | comprarse un regalo

a) Hay que comer mucha verdura ______________________________

b) Tu madre no quiere que comas dulces ______________________________

c) Este verano te han puesto gafas ______________________________

d) Tienes que irte pronto a la cama ______________________________

e) La abuela te ha dado dinero ______________________________

f) Tienes que lavarte las manos cada vez que llegas a casa ______________________________

1 **gruñón, -ona** brummig – 2 **estropearse** kaputt gehen

13 Tú amigo Juan está muy preocupado con su futuro y va a ver a una adivina[1] y le hace estas preguntas. Completa las respuestas de la adivina. → §17.7.2; 17.7.4.1

a) ¿Cuándo será mi vida menos aburrida?
Tú vida será menos aburrida cuando vivas algo emocionante.

b) ¿Cuándo me pasará algo emocionante?
No te pasará nada emocionante mientras ______________ **(seguir)** viviendo con tu madre.

c) ¿Cuándo me casaré?
Te casarás en cuanto ______________ **(encontrar)** un trabajo y ______________ **(poder)** pagar el alquiler.

d) ¿Cuándo empezaré a trabajar?
Empezarás a trabajar cuando ______________ **(terminar)** los estudios.

e) Y ¿cuándo terminaré los estudios?
Terminarás los estudios cuando no ______________ **(perder)** tanto el tiempo con esas preguntas y ______________ **(ponerse)** a estudiar.

14 Dos amigas están hablando de sus cosas. Completa las frases con el modo del verbo correcto. → §17.8

In Relativsätzen verwendet man den *subjuntivo*, wenn das Bezugswort etwas Unbekanntes oder nicht Vorhandenes beschreibt.

Patricia: ¿Qué tal el examen de latín?

Cristina: Fatal. Necesito a alguien que me ______________ **(ayudar)** con los deberes.

Patricia: ¿Por qué no le preguntas a Mario? Él es el que más latín ______________ **(saber)** de toda la clase.

Cristina: Ya, y además, es el chico más guapo que ______________ **(conocer)**. Me encantaría ir a ver con él una película que ______________ **(ser)** romántica y no estudiar latín.

Patricia: Ya, ya. Pero yo creo que ahora lo que necesitas es a alguien que ______________ **(estudiar)** contigo latín y no a alguien que te ______________ **(acompañar)** al cine.

1 **la adivina** die Wahrsagerin

C Para evitar errores

1 Una familia española busca una chica *au pair*. La madre sabe exactamente lo que quiere. Completa el texto con los verbos en indicativo o en subjuntivo.

Somos una familia que ya ________________ **(emplear)** a chicas *au pair* desde hace muchos años. Por eso sabemos lo que buscamos cuando ________________ **(poner)** anuncios en el periódico. Queremos una persona que ________________ **(saber)** cuidar a nuestros hijos. Además, necesitamos una chica que ________________ **(hablar)** español. Este año tenemos una chica que solo ________________ **(hablar)** húngaro, lo que ________________ **(ser)** un verdadero problema ya que nuestros hijos no ________________ **(entender)** nada y la chica, tampoco. Por otra parte, es necesario que la chica que ________________ **(vivir)** con nosotros ________________ **(ser)** simpática, que ________________ **(saber)** cocinar y que, cuando mi marido y yo ________________ **(estar)** de viaje, ________________ **(cuidar)** a nuestros hijos también los fines de semana.

2 A tu amiga Alejandra le ha llegado por error (irrtümlicherweise) este correo. Como no entiende alemán, quiere saber si el correo es importante o no, te lo ha reenviado a ti y te pregunta qué pone. Contéstale el correo. Escribe la solución en tu cuaderno. Ten cuidado con las formas de indicativo y de subjuntivo.

Lieber Alex,

auch wenn meine Eltern das nicht möchten, werde ich dich heiraten.

Obwohl ich weiß, dass unsere Beziehung nicht einfach sein wird, und auch, wenn ich mein ganzes Leben in Deutschland zurücklassen muss, werden wir das schaffen.

Vielleicht kann ich einen Kurs belegen und Spanisch an einer Sprachakademie lernen. Ich würde gerne als Lehrerin an einem Gymnasium arbeiten, sobald ich die Sprache gut gelernt habe.

Bevor wir heiraten, können wir vielleicht eine Zeitlang zusammen leben und durch Spanien reisen. Ich habe gehört, dass Spanien großartig ist. Möglicherweise kannst du mir einige von den tollen Stränden zeigen. Wenn wir Kinder haben, wird das nicht (mehr) so leicht sein. Ich hoffe, dass auch du Kinder magst.

Und was sagen deine Eltern dazu? Hoffentlich finden sie mich auch nett! Wenn ich nach Madrid komme, würde ich sie gerne kennen lernen.

Sobald ich das Flugticket gekauft habe und meine Ankunftszeit in Madrid kenne, schicke ich dir eine Nachricht.

Küsschen,
Nathalie

1 **emplear** beschäftigen

Der Imperativ El imperativo

A Ya sabes...

... cómo se usa el imperativo en otros idiomas. Mira las siguientes viñetas y escribe debajo de cada una de ellas para qué se usa en cada caso el imperativo: ¿para dar permiso, para dar instrucciones, para ordenar o para aconsejar?

____

____

____

____

B Para practicar

1 Completa las respuestas de estos diálogos con el imperativo de la segunda persona de los siguientes verbos. → §18.1

tomar | abrir | hacer | irse | preguntar | poner | esperar | buscar

a) ¿Tienes un bolígrafo?
Sí, ____________.

b) Hace mucho calor aquí.
Pues ____________ la ventana.

c) ¿Puedo irme ya?
Sí, claro, ____________.

d) ¡No quiero ir a dormir todavía!
Pues ____________ lo que quieras, pero mañana estarás muy cansado.

e) Mamá, tengo hambre.
Carlos, ____________ un minuto ya ____________ la mesa, la comida ya está hecha.

f) ¿Qué significa esta palabra?
No sé. ____________ a la profesora o ____________ en el diccionario.

2 El señor Gómez no lleva una vida sana. El médico le da unos consejos. → §18.1/2

No cene mucho y no se acueste muy tarde. Duerma por lo menos ocho horas.

Señor Gómez, no ____________ **(llevar)** una vida tan sedentaria y ____________ **(hacer)** deporte.
No ____________ **(comer)** patatas fritas y ____________ **(tomar)** más verdura. No ____________ **(saltarse)** ninguna comida.
No se ____________ **(tumbarse)** en el sofá después del trabajo y ____________ **(apuntarse)** a un curso de baile.
No ____________ **(beber)** tanto alcohol y ____________ **(reducir)** el tabaco. Mejor dicho: no ____________ **(fumar)** más.
No ____________ **(ir)** al trabajo en coche. ____________ **(utilizar)** la bicicleta o ____________ **(ir)** a pie.

3 Cristina habla con su hijo Enrique. Lee lo qué le dice. → §18.1/2

Escucha bien lo que te digo: mañana en casa de la tía Juana, sé bueno y pórtate bien. Habla bien y no digas palabrotas[1]. Come todo lo que te ponga en la mesa y ten cuidado de no romper nada. Después vuelve pronto a casa, ven rápido, toma el camino más recto y no te entretengas[2]. Haz los deberes antes de irte a dormir.

Ahora dice lo mismo a los gemelos Luis y Felipe. Modifica lo que sea necesario.

________ bien lo que ________ digo: mañana en casa de la tía Juana, ________ buenos y ________ bien. ________ bien y no ________ palabrotas. ________ todo lo que ________ ponga en la mesa y ________ cuidado de no romper nada. Después ________ pronto a casa, ________ rápido, tomad el camino más recto y no ________ ________. ________ los deberes antes de ________ a dormir.

4 Reacciona de modo parecido al ejemplo. Utiliza el imperativo y sustituye los complementos directo e indirecto por los respectivos pronombres. → §18.3

¿Ya le has dicho a tu madre que has suspendido Matemáticas?

No, papá, díselo tú.

Beim bejahten Imperativ werden die Objekt- und Reflexivpronomen an den Imperativ angehängt.

Wenn ein oder zwei **Pronomen** angehängt werden, erhalten die Verbformen, die auf der zweitletzten Silbe **betont** werden, einen Akzent.

¡Vende el coche!
¡Véndemelo!

Einsilbige Verben erhalten keinen Akzent, es sei denn, es werden zwei Pronomen angehängt.

¡Dame el pan!
¡Dámelo!

a) Y también le cuentas las quejas de tus profesores por tu comportamiento.

No, ________________________

b) ¿Por qué no le pides a tu hermana que te ayude a hacer los deberes?

No, ________________________

c) ¿Le has informado ya a tus hermanos que celebraremos su cumpleaños en casa?

No, ________________________

d) ¿Le has comprado a tus hermanos los regalos de cumpleaños?

No, ________________________

e) Pues explica a tus hermanos la situación.

No, ________________________

1 **la palabrota** das Schimpfwort
2 **entretenerse** ablenken

C Para evitar errores

1 Al lado del imperativo 'propio', es decir neutral, hay algunas alternativas estilísticas. Estas se usan según la relación que tenemos con las personas en cuestión.

En una exposición de *oldtimers* un guía del museo está ya un poco nervioso con uno de sus grupos. Marca si el guía trata a las personas de forma amable, neutral o nerviosa.

Síganme, por favor. ________________

¿Puede decirme de dónde vienen? ________________

Quiero que apaguen sus móviles. ________________

Miren este coche de 1912. ________________

No toquen nada, por favor. ________________

Señora, por favor, espere un momento con su grupo. ________________

A quedarse en el grupo. ________________

¡Adiós!, y que tengan un buen día. ________________

2 En español además del imperativo existen otras formas para expresar petición o mandato. Busca otras formas de decir lo mismo:

a) Dame el pan.
¿Puedes darme el pan?
¿Me das el pan, por favor?

b) ¡Id a dormir!

c) ¡Pasad!

d) ¡Escuchadme!

e) ¡Comed!

f) ¡Hágalo usted!

3 Patricia está hablando con su hijo, pero como está un poco nerviosa no encuentra la forma correcta del imperativo. Ayúdala tú. Completa las frases con los siguientes verbos.

poner | decir | pasar | ser | hacer | salir | terminar | lavarse | dar | comprar | ir

________ los dientes. ________ de hacer los deberes. ________ la cama. ________ de comer al gato. ________ todas tus cosas en la mochila. ________ las llaves de casa. ________ de casa pronto y ________ al colegio puntual. ________ le a la profesora lo que te he dicho. Y, por favor, ________ bueno. ________ por casa de la abuela y ________ todo lo que está escrito en la lista.

Infinitiv, Partizip und Gerundium El infinitivo, participio y gerundio

A Ya sabes...

Peter y Mary de Londres y Montse y Raúl de Cuenca están en el Prado para admirar el famoso cuadro *Las Meninas* del pintor Diego Velázquez. Lee lo que dicen y fíjate en las formas verbales que se utilizan para expresar un proceso en desarrollo.

Peter: Look, what a beautiful picture!

Mary: Yes, it is. On the left side, the artist, Velázquez, is painting the scene and a young woman is handing a jug of water to the young girl in the white dress, the child Margarita. In the background, a man is watching what is going on in the room. I think he is going upstairs.

Montse: ¿Está subiendo o está bajando las escaleras?

Raúl: ¡Qué pregunta! De todos modos está mirando a la gente, pero no está viendo que el chico a su derecha está poniendo un pie sobre el perro para despertarlo.

Montse: ¿Y qué está haciendo la joven detrás de la infanta, a la derecha?

Raúl: No lo sé.

1 ¿Qué forma verbal se emplea en inglés y que forma se utiliza en español para expresar un proceso en desarrollo?

En inglés se emplea el ____________ y en español se utiliza el verbo ____________ seguido por el ____________ de los verbos.

2 Busca estas formas en el diálogo.

En inglés: is painting, ____________

En español: está subiendo, ____________

____

3 ¿Cómo se forman estas formas españolas del gerundio exactamente?

Se sustituye la terminación de los verbos en *-ar* por ____________ y la de los verbos en *-er* e *-ir* por ____________.

B Para practicar

1 Escribe las formas del gerundio y del participio de estos infinitivos.
→ §19.1/2/3

Infinitivo	Gerundio	Participio
ir	yendo	ido
leer		
romper		
descubrir		
poner		
decir		
hacer		
morir		

2 Completa las frases con los verbos de la derecha. → §19.1

estudiar | tener | hacer | llegar | comer | dormir

a) «Goloso» es alguien al que le gusta ______________ muchos dulces.
b) «Dormilón» es alguien al que le gusta ______________ mucho.
c) «Puntual» es alguien al que le gusta ______________ siempre pronto.
d) «Maniático» es alguien al que le gusta ______________ todo en orden.
e) «Deportista» es alguien al que le gusta ______________ mucho deporte.
d) «Empollón» es alguien al que le gusta ______________ mucho.

3 Elige la preposición adecuada. → §19.1.4

a) Antes **de** / **por** venir, llámanos. No vaya a ser que salgamos de paseo.
b) Después **para** / **de** haber estudiado el infinitivo, el profesor no lo preguntó en el examen.
c) Se fue **sin** / **por** decir nada y **para** / **sin** darme un beso.
d) Tuvo un accidente **para** / **por** conducir muy rápido.
e) **Por** / **Para** ir a la universidad puedes tomar el metro.
f) A pesar **por** / **de** haber estudiado tanto, no encuentra trabajo.
g) **Para** / **De** tener ganas, iría contigo al cine.
h) Estudio español **por** / **para** viajar a Chile.
i) **Al** / **Sin** llegar de viaje, tuve que llamar a mis padres.

4 Rosa te cuenta cómo pasan los jóvenes el fin de semana en su ciudad. Completa su descripción con los participios de estos verbos. → §19.2

abrir | ~~cerrar~~ | interesar | lavar | pintar | terminar | vestir

Wie im Französischen werden Partizipien wie andere Adjektive in Numerus und Genus an das Nomen angeglichen.

En Villalba los colegios están *cerrados* los sábados, pero las tiendas están ______________ de 10:00 a 21:00. Por eso hay muchos estudiantes que se pasean ______________ con sus mejores ropas por la calle principal: las chicas con el pelo recién ______________ y la cara ______________; los chicos, aunque menos ______________ en su aspecto físico, intentan que alguna chica se fije en ellos. A veces los jóvenes van al cine, a la sesión de tarde, y una vez ______________ la película se van de bares.

5 Completa las frases como en el ejemplo utilizando las perífrasis de gerundio de la columna de la derecha. → §19.3.2

Ayer no salí de casa, me *quedé* ______________ estudiando todo el día.	A → 3	1	**terminar** (+ gerundio)
No podemos ir a la playa, ______________ / ______________ lloviendo.	B	2	**ir** (+ gerundio)
Con los años nos ______________ haciendo viejos.	C	3	**quedarse** (+ gerundio)
______________ aprendiendo español toda mi vida.	D	4	**llevar** (+ gerundio)
Después de muchos meses mi madre ______________ aceptando a mi novio.	E	5	**seguir** (+ gerundio)
Viví un año en Francia y ______________ / ______________ teniendo contacto con mis amigos de allí.	F	6	**continuar** (+ gerundio)

6 Indica en las frases siguientes si el gerundio tiene valor temporal, condicional, causal, modal o concesivo. → §19.3.3

a) Hablando se entiende la gente. ________________

b) Me despedí dándole la mano. ________________

c) Solo trabajando mucho aprobarás el curso. ________________

d) Juan estudia escuchando música. ________________

e) Actuando así conseguimos lo que quisimos. ________________

f) Aun siendo muy inteligente, a veces dice cosas muy tontas. ________________

7 Elige la forma correcta.

1. Sigue **lloviendo / llover / llovido** desde ayer.
2. Los estudiante se quedaron **pensar/ pensado / pensando** después de escuchar las explicaciones del profesor.
3. Los pacientes llevan una hora **esperar / esperando / esperado** al médico.
4. Empezó a **lloviendo / llover / llovido** cuando salí de casa.
5. Juan no ha **pensando / pensar / pensado** mucho antes de hablar contigo.
6. Deberías **cerrar / cerrando / cerrado** las ventanas antes de salir.
7. Hace varios días que te estoy **esperar / esperado / esperando**.
8. La puerta ha quedado **cerrar / cerrando / cerrada** herméticamente.
9. Empecé a **trabajar / trabajando / trabajado** hace diez años.
10. Sigo sin **tenido / teniendo / tener** noticias de María.

C Para evitar errores

Tu instituto quiere organizar una excursión para hacer rafting en el río Aragón. John, un chico inglés que está en tu clase, quiere colaborar en el periódico del instituto. Le han pedido que escriba un artículo sobre la excursión, pero lo ha hecho en inglés. ¿Podrías ayudar a John y escribir el artículo en español?

Welcome to an exciting tour on the river Aragón. Are you interested in rafting?

Listen carefully to our instructions and you'll be well well prepared. You'll get protective and warm neoprene suits[1], and, of course, protecting your head is very important. We do this by wearing helmets[2]. Falling off the raft[3] can happen and as swimming alone is dangerous you must get back to the raft quickly. Taking part[4] in this adventure, we'll have a great time!

We're waiting for you.

____

____

____

____

____

____

____

____

____

1 **the neoprene suit** el traje de neopreno – 2 **the helmet** el casco – 3 **the raft** la balsa – 4 **to take part** participar

Das Passiv La voz pasiva

A Ya sabes...

... cómo se forma la voz pasiva en otras lenguas. Mira los siguientes dibujos.

Las joyas fueron robadas por el ladrón.

El ladrón es buscado por la policía.

Das Vorgangspassiv wird mit dem konjugierten Verb *ser* und dem Partizip Perfekt gebildet.
Das Partizip Perfekt wird in Genus und Numerus an das Subjekt angeglichen. Zeige das an beiden Verbformen auf.

___________________ ___________________

___________________ ___________________

B Para practicar

1 Relaciona las dos columnas para saber quién es el creador, autor o inventor de los siguientes elementos y escribe frases como el modelo. → §20.1

Pedro Almodóvar	La dinamita
Miguel de Cervantes	El Quijote
Ferdinand de Lesseps	El Canal de Suez
Los hermanos Lumière	El cinematógrafo
Alfred Nobel	La película «Volver»

a) La dinamita fue inventada por Alfred Nobel.
b) ___________________
c) ___________________
d) ___________________
e) ___________________

2 Eres el redactor del periódico de tu instituto y tienes que publicar estas noticias que te han dado. Transforma los titulares según el modelo comenzando con las palabras en cursiva y usa para ello la voz pasiva. → §20.1

a) Un comprador anónimo ha adquirido por 8.000 millones de dólares *el cuadro de Van Gogen Las margaritas*.

b) El gobierno presentó ayer *una nueva ley* que prohibe beber en lugares públicos.

c) La falta de voluntarios para actuar en *la fiesta de fin de curso* obliga a suspenderla.

d) El famoso cocinero Adriano servirá *el menú de bodas de los príncipes de Mondavía.*

a) El cuadro de Van Gogen Las margaritas ha sido adquirido por 8.000 millones de dólares por un comprador anónimo.

____

____

____

3 Transforma ahora esta noticia que está en pasiva y escribe todas las frases en la voz activa.

Das Vorgangspassiv kann in allen Zeiten und Modi verwendet werden. Typisch ist jedoch der Gebrauch des *pretérito indefinido* in Zeitungsartikeln.

¡La ballena ha sido salvada!

Finalmente, después de una noche de duro trabajo, la ballena que llegó a la costa de Guipúzcoa pudo ser salvada por los bomberos y voluntarios.
Su aparición cerca de la costa había sido anunciada por los reporteros locales y así había sido llamada la atención pública. La ballena fue cuidada por voluntarios hasta que fueron llamados los bomberos para ayudarles.

____
____
____
____
____
____

4 Stefan quiere publicar un artículo sobre las costumbres españolas en el periódico del colegio. No habla muy bien español. ¿Puedes ayudarlo tú a terminar de escribir una parte del artículo? Completa el texto con los verbos *ser* y *estar*. → § 20.2

Das **Zustandspassiv** wird **mit *estar*** und dem **Partizip Perfekt** gebildet. Anders als das **Vorgangspassiv mit *ser*** drückt das Zustandspassiv das Ergebnis einer Handlung aus.

Wie beim Passiv mit ***ser*** wird auch hier das Partizip Perfekt in Genus und Numerus an das Subjekt angeglichen.

A los españoles les encanta estar en la calle y en los bares. Muchos planes como qué película ver, a qué discoteca ir, etc. ________ hechos por los jóvenes en los bares. Estos ________ abiertos hasta las 11 de la noche. Como en España ________ está prohibido fumar, mucha gente fuma fuera en la calle.

Los domingos ________ utilizados para estar con la familia. Los hijos ________ invitados a comer a casa de sus padres y la comida ________ preparada normalmente por la madre. El menú ________ compuesto de primer y segundo plato y no puede faltar postre.

A los españoles también les interesa el arte: por eso los museos ________ muy visitados, pero los lunes ________ cerrados…

5 La profesora de español te ha dado una receta para que la publiques en el periódico del instituto. Ha escrito todas las instrucciones en infinitivo. Transforma las frases usando la pasiva refleja. → § 20.3

Crema catalana

Paso 1: Calentar la leche con la canela y la corteza de limón.
Paso 2: Batir las yemas con el azúcar y la maicena[1].
Paso 3: Echar la leche sobre las yemas, batiéndolas.
Paso 4: Poner la mezcla anterior al fuego.
Paso 5: Repartir en cazuelas de barro y dejar enfriar. Poner una capa de azúcar y quemar con una plancha.

Paso 1: ______________________________
____
____
____
____
____
____
____

1 **la maicena** das Maismehl

6 Marca con una cruz cuáles de las siguientes frases son oraciones de pasiva refleja. → §20.3

a) ☐ Se buscan ayudantes de cocina.
b) ☐ Juan se cayó a la piscina.
c) ☐ Se harán fotocopias para todos los presentes.
d) ☐ Los medicamentos se distribuirán entre los necesitados.
e) ☐ Se necesita mucha paciencia.
f) ☐ A mi madre se le quemó el arroz.
g) ☐ Encarna se comió todas las empanadillas.
h) ☐ Se vende bicicleta.
i) ☐ Mi primo se ha bañado en la playa.
j) ☐ Mi hermano se ha mudado de ciudad.

C Para evitar errores

Traduce el siguiente comunicado. ¡Cuidado:
Algunas oraciones son pasivas y otras reflexivas!

KURZMELDUNG

Gesucht und gefunden

Rucksack von deutscher Touristin mit Pass, Handy, Tickets, Fotoapparat, Geld … vermisst[1]. Irgendwo liegen gelassen oder gestohlen? In allen von ihr besuchten Läden gesucht. Die junge Frau verzweifelt. Alles verloren?

Nachtrag:
Zum Glück kurz darauf in Damentoilette des *Corte Inglés* gefunden und an der Kaufhaus-Information abgegeben.
Alles geregelt: Finderin (großzügig) belohnt[2]: zu superfeinem Abendessen eingeladen.

COMUNICADO:

Buscado y encontrado

Pocas horas después:

1 **vermissen** echar en falta
2 **belohnen** recompensar

Präpositionen und Konjunktionen Las preposiciones y las conjunciones

A Ya sabes...

... que en español se utilizan preposiciones y que, como en otros idiomas, existen también diferentes tipos de conjunciones.

Hoy es la primera cita de Carmen y de Santiago.
Él está muy nervioso y casi no puede hablar.
Ayúdalo a buscar las palabras que faltan.

por (3x) | sin | a | para que | o | con | por | desde | en | para

Santiago: ¿Estudias ________ trabajas? ¿Te gusta el café ________ o ________ azúcar? El lunes voy ________ Chile ________ trabajar. ________ la mañana ha llovido. Vivo ________ esta ciudad ________ 2008. Muchas gracias ________ venir...

Carmen: Vamos a dar un paseo ________ el parque ________ te relajes. ¿Vale?

Santiago: Sí...

B Para practicar

1 Marca con una cruz la preposición correcta. → §21.3

a) Voy ☐ en ☐ a casa.
b) Celebramos el cumpleaños ☐ en ☐ de su casa.
c) Las cerezas están ☐ a ☐ para 5 euros el kilo.
d) Estamos ☐ por ☐ a 3 de mayo.
e) Fuimos a Mallorca ☐ con ☐ en barco.
f) Mis padres se van ☐ en ☐ a Barcelona.
g) Estudio español dos veces ☐ a ☐ de la semana.
h) Se lo dije ☐ Ø ☐ a Luis.
i) Ayer visitamos hacia ☐ hacia ☐ a mi abuela.
j) Tenéis que tomar esta calle ☐ sin ☐ a la derecha.
k) Prefiero ir de vacaciones ☐ a ☐ en verano.
l) Cuando lo vi estaba entrando ☐ en ☐ sobre la oficina.
m) No te lo tomes ☐ en ☐ con broma.
n) Mi profesor es ☐ a ☐ de Cuba.
ñ) Salgo ☐ de ☐ a casa.
o) Estoy leyendo una novela ☐ con ☐ de ciencia ficción.
p) Me he comprado un bolso ☐ de ☐ en piel.
q) Juan está siempre hablando ☐ para ☐ de su dinero.

2 Relaciona cada frase de la izquierda con la interpretación correcta.

Un coche desde 5.000 euros	A	1	Que cuesta esa cantidad.
Un coche de 5.000 euros	B	2	Que cuesta esa cantidad o más.
Un autobús de Bilbao	C	3	Su destino final es Bilbao.
Un autobús hasta Bilbao	D	4	Su origen es Bilbao.
Un poema de su madre	E	5	La madre escribió el poema.
Un poema para su madre	F	6	La madre recibe un poema.

(Beispiel: A → 2)

3 Lee lo que ha escrito Sabrina en su diario y completa con las preposiciones por y para. → §21.4

Querido diario:
¡ ______ fin es fin de semana! Ahora podré hacer lo que me apetece, ______ ejemplo dormir hasta tarde, comer lo que quiera y dar largos paseos ______ el parque. ______ la noche podré quedarme despierta y navegar ______ Internet. Necesito los fines de semana ______ descansar. Entre semana trabajo mucho, no ______ placer, sino ______ obligación. Necesito ganar dinero ______ ir a Madrid. Allí quiero hacer un curso de español ______ mejorar mis conocimientos. Después quiero quedarme en España y buscar un trabajo. ¡Estaré sola en un país extranjero ______ primera vez!

4 Escribe en cada frase la preposición correcta. → §21.5

a (3x) | con | por | en | de (3x)

a) No me acuerdo ______ lo que me explicó ayer el profesor.
b) Mi hermano Miguel se ríe siempre ______ mis chistes.
c) No me he acostumbrado ______ beber café para desayunar.
d) Si necesitas ayuda, siempre puedes contar ______ mi ayuda.
e) Vuelve ______ tocar la canción, por favor.
f) Mis vecinos me dieron las gracias ______ cuidar de su perro durante las vacaciones.
g) Ya estoy cansada ______ repetir siempre lo mismo.
h) No te entiendo, ¿ ______ qué te refieres?
i) Yo ya no creo ______ cuentos de hadas.

5 Aquí tienes unas frases hechas usadas en español. ¿Sabes lo qué significan? Primero marca la preposición correcta y después relaciónalas con su significado.

caerse la cara **con / de / por** vergüenza	A	1	wortgetreu wiedergeben
coger al toro **con / sin / por** los cuernos	B	2	Öl ins Feuer gießen
reproducir algo **al / hacia** el / **en** el pie de la letra	C	3	ohne Sinn und Verstand
echar leña **al / en** el / **del** fuego	D	4	sich abgrundtief schämen
hablar **con / por / sobre** los codos	E	5	an die Decke gehen
hacer una cosa **de / con / sin** ton ni son	F	6	etwas richtig stellen
irse **de / hacia / por** los cerros de Úbeda	G	7	blind wie ein Maulwurf
no ver tres **en / para / sobre** un burro	H	8	um den heißen Brei herumreden
poner los puntos **a / en / sobre** las íes	I	9	den Stier bei den Hörnern packen
subirse **a / en / por** las paredes	J	10	wie ein Wasserfall reden

6 Gonzalo y Patricia hablan de sus planes para las próximas vacaciones. En el diálogo están subrayadas todas las conjunciones. Clasifícalas en el recuadro de abajo según sean conjunciones coordinadas (nebenordnende Konjunktionen) o subordinadas (unterordnende Konjunktionen). → § 21.6

Gonzalo: ¿Fuiste de vacaciones?
Patricia: Sí, pero no fui ni a Londres ni a París. Estuve en Bilbao. ¿Y tú?
Gonzalo: Yo voy de vacaciones el mes que viene, pero no sé qué hacer.
Patricia: Si quieres comer bien, ver el museo Guggenheim… vete a Bilbao.
Gonzalo: Vale, pero… ¿Podemos quedar otra vez para que me ayudes a preparar el viaje a Bilbao?
Patricia: Claro. Cuenta conmigo.

Konjunktionen verbinden (to conjunct) gleichwertige Elemente miteinander, z. B. Hauptsätze, Substantive, Adjektive, Adverbien usw.

Unterordnende Konjunktionen leiten einen Nebensatz ein. Je nach Konjunktion und Bedeutung steht das Verb im *subjuntivo* oder im Indikativ.

Conjunciones coordinadas:

____

Conjunciones subordinadas:

____

7 Señala en estas frases la conjunción correcta. → § 21.6

a) **Si / Aunque** Pedro sigue faltando a clase, no va a probar el examen.
b) ¡Es increíble, **aun / si** siendo la niña tan pequeña, ya sabe leer!
c) No voy a hablar con él **desde que / hasta que** me pida perdón.
d) Yo creo que solo **si / con que** llevemos un postre a la fiesta, es suficiente.
e) Yo te puedo prestar mi ordenador. **Ya que / Mientras** no lo pierdas.
f) Tiene que haberle pasado algo horroroso **para que / aunque** esté llorando así.

8 Tu amiga Mareike ha escrito un correo electrónico a su amiga Elena, pero tiene algunos problemas con las conjunciones en español. Corrige los errores que encuentres en el texto. → § 21.6

¡CUIDADO!

Querida Elena:

Hoy he ido al cine con mis primos Juan e Ernesto. La película me ha gustado mucho, mas ha sido un poco triste. Además, no mis primos o yo hemos entendido el final.
Creo que los protagonistas se mueren, pues no estoy segura.
¿Quieres venir conmigo en el cine la próxima semana? Podemos volver a ver la misma película con entender el final, u podemos ir a ver otra. Pero no iremos a la sesión de las cuatro, pero a la sesión de las seis. Así podremos ir hacia tomar algo antes.
Ya me dirás algo, ¿vale?

Besos, Mareike

____
____
____
____
____
____
____
____
____
____

C Para evitar errores

1 Rellena este texto de la vida de La Malinche con las siguientes preposiciones.

en (3x) | con (3x) | por (2x) | a (3x) | de (6x)

La Malinche nació probablemente (a) ______ 1502 (b) ______ Veracruz.
Era una princesa maya cuyo pueblo había sido conquistado antes (c) ______ los aztecas.
Después (d) ______ la llegada (e) ______ Hernán Cortés (f) ______ México, trabajó (g) ______ intérprete y explicó las costumbres (h) ______ los nativos (i) ______ los españoles.
No se casó (j) ______ Cortés, pero tuvo un hijo (k) ______ él.
(l) ______ esta razón los aztecas la acusaron (m) ______ traición.
Nunca fue (n) ______ Hernán (ñ) ______ España, pero es posible que soñase (o) ______ hacer ese viaje. La Malinche murió (p) ______ 1529.

2 Jonas va a ir a visitar a su amiga Eugenia. Él quiere escribirle una pequeña carta donde le dice que está muy contento de volverla a ver y… ¿Puedes ayudarlo a escribir la carta en español? Ten en cuenta los siguientes puntos.

Er möchte ihr sagen, dass
- er am 02. August um 17.30 h in Valencia ankommt.
- er sich freut, weil er Eugenia das letzte Mal im Jahr 2012 in Madrid gesehen hat.
- es ihm gefällt, morgens zum Strand gehen zu können, um im Meer zu schwimmen.
- Eugenia und er vielleicht am kommenden Donnerstag das Fallas-Museum besuchen können.
- er davon träumt, einen Tag in der *Ciudad de las Artes y las Ciencias* zu verbringen.
- er am 10. August wieder nach Deutschland zurückkehren muss. Seine Schwester hatte sich im letzten Jahr in einen Klavierlehrer verliebt und heiratet ihn am 11. August.
- er (= sein Flugzeug gegen Mittag) fliegt.

Direkte und indirekte Rede El estilo directo e indirecto

A Ya sabes...

... cómo funciona el discurso indirecto con cambio de tiempo verbal en francés. Lee los bocadillos de esta ilustración.

En español funciona más o menos de la misma manera. Por eso es fácil relacionar los tiempos del estilo directo con los tiempos correspondientes del estilo indirecto (con cambio de tiempo verbal).
Rellena la tabla de abajo con los siguientes tiempos.

condicional compuesto de indicativo | ~~imperfecto de indicativo~~ | pluscuamperfecto de indicativo | pluscuamperfecto de indicativo | pluscuamperfecto de subjuntivo | imperfecto de subjuntivo | condicional simple de indicativo

estilo directo	estilo indirecto
presente de indicativo	imperfecto de indicativo
pretérito perfecto de indicativo	
pretérito indefinido de indicativo	
futuro simple de indicativo	
futuro compuesto de indicativo	
presente de subjuntivo	
perfecto de subjuntivo	

Además, tienes que adaptar las indicaciones de tiempo. Relaciona las dos columnas con flechas.

estilo directo			estilo indirecto
aquí	1	A	aquella mañana
ahora	2	B	entonces
hoy	3	C	allí
ayer	4	D	la semana siguiente
mañana	5	E	aquel día
esta mañana	6	F	el / al día anterior
la próxima semana	7	G	el / al día siguiente

Acuérdate de que en español no se pone coma delante del que en las frases en estilo indirecto.

~~Ha dicho, que no lo esperemos.~~ → Ha dicho que no lo esperemos.

B Para practicar

1 Hoy es el cumpleaños de tu abuelo. El problema es que está un poco sordo[1] y no entiende nada de lo que le dicen. Cuéntale a tu abuelo de lo que estáis hablando. Utiliza el estilo indirecto como en el ejemplo. → § 22.2

Madre: A ver, sentaos ya todos a la mesa, que la comida se va a enfriar.
Padre: Me alegro de que podamos celebrar tu cumpleaños todos juntos, papá.
Hermano: Sí, eso. ¡Felicidades y que pases un buen día!
Hermana: Tengo un regalo para ti.
Padre: Bueno, bueno, dejaos de tanto hablar y empecemos a comer.

In der indirekten Rede müssen neben der **Verbform** ggf. auch die **Personal- und Possessivpronomen** sowie die **Ortsangaben** angepasst werden.

a) Mira, abuelo. Mamá nos ha pedido que *nos sentemos ya todos a la mesa, que la comida se va a enfriar.*

b) Papá ha comentado que ______

c) Mi hermano ha dicho que ______

d) Mi hermana ha dicho que ______

e) Papá ha propuesto que ______

2 Aquí tienes una serie de comentarios de personas que quieren aprender o ya han aprendido un idioma extranjero. Estos comentarios los hicieron hace diez años. → § 22.3

Eugenio Mundo
«Para mí, lo más importante de aprender otro idioma fue que me dió la posibilidad de comunicarme con personas de otras partes del mundo y con otras culturas. Mi pasión es viajar a otros países y conocer a otras personas».

Elena Mayor
«Mi hija se casó con un italiano y vive en Italia. Yo espero aprender muy pronto italiano, así podré hablar con mi nieto. Espero que me entienda aunque mi pronunciación sea mala. Soy muy mayor para aprender otro idioma».

Reproduce ahora sus palabras. Utiliza el estilo indirecto. Cuidado con el cambio del tiempo verbal.

a) Hace diez años Eugenio Mundo dijo ______

______

______

______.

Hoy sigue viajando por todo el mundo.

b) Hace diez años Elena Mayor dijo ______

______

______

______.

Hoy habla italiano perfectamente.

1 **sordo, -a** taub

3 Quieres practicar un nuevo deporte, el lacrosse.
Estas son las instrucciones de tu nuevo entrenador.

Ve a una tienda local de deportes y cómprate un palo[1]. Debes marcar un gol en la portería contraria. No toques la pelota con la mano, usa siempre el palo para pasar y atrapar la pelota. Sujeta[2] el palo siempre con las dos manos. Debes aprender a pasar la pelota, lo mejor para ello es observar y practicar. Aprende a leer el campo, es decir, observa cómo se mueven los jugadores más experimentados en el campo cuando no tienen la pelota.

¿Qué instrucciones te dio para jugar al lacrosse?
Transforma el texto anterior en estilo indirecto. → §22.4

Mi entrenador me dijo que ____________ a una tienda local de deportes y me ____________ un palo. Dijo que ____________ un gol en la portería contraria. Dijo que ____________ la pelota con la mano y que ____________ siempre el palo para pasar y atrapar la pelota. Me ordenó que ____________ el palo siempre con las dos manos. Dijo que ____________ a pasar la pelota, lo mejor para ello ____________ observar y practicar. También me dijo que ____________ a leer el campo, es decir, que ____________ cómo se mueven los jugadores más experimentados en el campo cuando no ____________ la pelota.

Soll ein Imperativ wiedergeben werden, erhält das einleitende Verb decir die Bedeutung von „empfehlen" oder „befehlen". Folglich wird in der indirekten Rede der *subjuntivo* verwendet.

C Para evitar errores

1 Completa con los verbos *ir*, *venir*, *traer* o *llevar*. Atención a los sujetos.

Raúl: Sara, ¿qué haces el domingo que viene? ¿Tienes ganas de ____________ al cine conmigo por la noche?
Sara: Lo siento, no puedo. Mis padres ____________ a las ocho y los quiero ____________ al teatro. ¿Tienes ganas de ____________ con nosotros?
Raúl: ¿____________ con vosotros al teatro? No sé…
Sara: ¡Anímate! Cada vez que ____________ a verme me ____________ muchos regalos. Para agradecerles los quiero ____________ a un sitio interesante.
Raúl: Bueno, de acuerdo. Podemos ____________ todos juntos a ver la obra de teatro.

2 Más tarde, Raúl le comenta a su amigo Luis la conversación que tuvo con Sara. ¿Qué dice? Completa su explicación.

Pregunté a Sara qué hacía el domingo siguiente y ____________

____

____

____

____

____

1 **el palo** der Schläger – 2 **sujetar** festhalten

Besonderheiten der spanischen Sprache
Las particularidades de la lengua española

A Ya sabes...

... que algunas estructuras y verbos son muy difíciles para los alumnos de español.

Kerstin, una chica alemana, va a pasar un año en España. Acaba de llegar al aeropuerto.
Lee lo que está pensando en este momento.

Ich bin ein mutiges Mädchen und komme aus Berlin.

Ich bin zum ersten Mal in Spanien.

Ich bin erst vor einer halben Stunde angekommen.

Ich bin ganz schön überrascht, dass hier so viele Leute sind.

Ich bin ganz stolz: Ich habe schon ganz allein einen Kaffee bestellen können!

Soy una chica valiente de Berlín.

Estoy por primera vez en España.

He llegado hace solo media hora.

Estoy bastante sorprendida de que haya tanta gente aquí.

Estoy muy orgullosa: he podido pedir un café yo sola.

Busca los ejemplos que se corresponden a las siguientes reglas en las frases anteriores y subráyalos:

- ***ser* y *estar***
  Das Verb „sein" hat im Spanischen zwei Entsprechungen:
  Bei Adjektiven, die bleibende oder charakteristische Eigenschaften beschreiben, wird *ser* benutzt.
  Bei Adjektiven, die vorübergehende Eigenschaften beschreiben, wird im Spanischen *estar* benutzt.
- **Ortsangaben**
  Ortsangaben werden mit dem Verb *estar* und der Präposition *en* ausgedrückt.
- **Gebrauch der Hilfsverben im Perfekt**
  Im Perfekt bzw. *pretérito perfecto* werden im Deutschen die Verben „sein" bzw. „haben" benutzt, im Spanischen jedoch nur das Verb *haber*.
- **Übersetzung von „erst"**
  Das Adverb „erst" kann durch *hace solo* übersetzt werden.
- **Der Gebrauch von „*hay*"**
  Die Verbform *hay* ist unveränderlich und wird bei Zahlwörtern oder Mengenangaben verwendet.

B Para practicar

1 *Ser* y *estar* se usan en muchas expresiones. Aquí tienes una serie de frases hechas en español. ¿Qué significan? Relaciona la expresión con su correspondiente en alemán. → § 23.1

ser un empollón A
ser el colmo B
ser una ganga C
ser un rollo D
ser un don nadie E
estar verde F
estar negro G
estar hecho un lío H
estar en las nubes I
estar como pez en el agua J

1 ein Niemand sein
2 unreif sein
3 der Gipfel sein
4 ein Streber sein
5 ratlos sein
6 geistig abwesend sein
7 ein Schnäppchen sein
8 wütend sein
9 stinklangweilig sein
10 sich pudelwohl fühlen

2 Relaciona las frases con su significado. → § 23.1

a) Susana es muy cerrada. No tiene muchas amigas.	☐ 1. verschlossen sein ☐ 2. geschlossen sein
b) Luis está aburrido. No le gusta la película.	☐ 3. langweilig sein ☐ 4. sich langweilen
c) Claudia es muy lista. Ha aprobado el curso con buenas notas.	☐ 5. bereit sein ☐ 6. klug sein
d) El pollo está muy rico. ¿Puedo comer más?	☐ 7. gut schmecken ☐ 8. reich sein
e) ¡Por supuesto que soy consciente de los problemas de nuestra empresa!	☐ 9. bei Bewusstsein sein ☐ 10. sich einer Sache bewusst sein
f) María siempre está atenta en clase, por eso siempre lo sabe todo.	☐ 11. zuvorkommend sein ☐ 12. aufpassen
g) Pedro ha tenido un accidente, pero está vivo.	☐ 13. am Leben sein ☐ 14. lebhaft sein
h) Sara está mala. Tiene mucha fiebre.	☐ 15. böse sein ☐ 16. krank sein
i) Julio es muy bueno. Ayuda siempre a sus padres.	☐ 17. lieb, brav sein ☐ 18. gesund, attraktiv sein
j) Está claro que no voy a aprobar el examen. No he contestado a ninguna pregunta.	☐ 19. offensichtlich sein ☐ 20. hell sein (eine Farbe)

3 Ahora vas a leer la biografía del famoso cantante Daddy Yankee. Completa con los verbos *ser* o *estar* que faltan. → § 23.1

El nombre real de Daddy Yankee __________ Ramón Luis Ayala Rodríguez. Nació en San Juan de Puerto Rico. __________ considerado por muchos como el «Rey del *reggaeton*». Su álbum «Barrio fino» __________ el más vendido en 2004.
__________ muy respetado entre sus colegas porque __________ en contra de las drogas y a pesar de su éxito siempre __________ dispuesto a conceder entrevistas. __________ además un hombre muy abierto, pero evita hablar de su vida privada. Para él su familia __________ un tesoro. Daddy Yankee __________ casado y __________ padre de tres hijos.En junio de 2013 __________ en Bruselas y París de gira. ¡Las entradas __________ ya casi vendidas!

4 Susana le escribe un correo electrónico a Mónica y le cuenta dónde está de vacaciones. Completa los huecos con los verbos *ser*, *estar* y *hay*. Después adivina si Susana está en Barcelona, Bilbao o Córdoba. → § 23.1/2

Querida Mónica:

________ de vacaciones en una ciudad fantástica. El centro de la ciudad ________ muy antiguo. ________ muchas calles pequeñas y estrechas. En muchas de las casas ________ patios con flores y en algunas ________ también una fuente. En mayo ________ siempre un concurso de patios. Los habitantes de esta ciudad ________ muy contentos con sus patios. ¡________ normal! ¡Los patios ________ muy bonitos!

También ________ muchísimas tiendas de artesanía y muchos restaurantes. Hoy voy a ir a comer a un restaurante que ________ muy famoso, *El caballo rojo*. ________ en el barrio de la judería. Sus postres ________ buenísimos. Y por la tarde voy a hacer una visita a la mezquita, que ________ uno de los monumentos más importantes de la arquitectura hispano-musulmana. No ________ muy lejos de mi hotel. ________ segura de que me lo voy a pasar genial.

¿Has adivinado ya dónde ________?

Un beso,

Susana

Susana ________ en Córdoba.

5 Aquí tienes una descripción de cómo se ha transformado la vida de Lucía en los últimos años. Marca la solución correcta. → § 23.3

Lucía era una joven un poco tímida que **se ponía / se convertía** roja cada vez que tenía que hablar con alguien a quien no conocía. **Quería ser / Se volvía** futbolista y su sueño era llegar a ganar el balón de oro al mejor jugador del mundo. **Se ha quedado / Se ha hecho** mayor y **se ha puesto / se ha convertido** en una excelente jugadora de fútbol. Su sueño se **ha llegado / se ha hecho** realidad. Ahora ya no **se pone / se queda roja** cuando está delante de mucha gente. **Se ha vuelto / se ha convertido** muy atrevida y muchos clubs de fútbol quieren contratarla.

6 Formula frases como en el ejemplo con los verbos del recuadro. → § 23.3

quedarse ciego, -a | convertirse en un príncipe | volverse ecologista | hacerse famoso, -a | volverse loco, -a | quedarse viudo, -a | hacerse rico, -a | hacerse viejo, -a | ~~ponerse rojo, -a~~

a) A María se le rompió la falda en medio de la fiesta. Se puso roja.
b) El abuelo tiene ya 96 años. ________
c) La pobre Begoña ya no ve nada. ________
d) En el cuento la princesa le dio un beso a la rana y… ________
e) Santiago no paraba de dar saltos. ________
f) Se ha muerto la mujer de Jorge. ________
g) Miguel se ha comprado una casa con piscina y pista de tenis. ________
h) Ayer vi a Mónica firmando autógrafos por la calle. ________
i) Julia ya no usa más el coche. ________

C Para evitar errores

1 Montse y Raúl se aburren en clase de Francés y empiezan a charlar. Completa las respuestas de Montse utizilizando dos pronombres personales.

a) No entiendo nada. ¿Puedes explicarme las reglas del *subjonctif*?

Sí, sí. __________ explico en el recreo. No son difíciles.

b) Sonia no tiene nada para escribir. ¿Le prestas tu boli?

No, no quiero prestár__________. Todavía tiene mi regla y no __________ ha devuelto.

c) ¿Ya le has enseñado tus ejercicios a la profe?

No, no quiero enseñar__________. Estoy segura de que va a encontrar muchos errores.

d) ¿Quieres que te dé mis deberes de Matemáticas?

¡Oh, sí! ¡Por favor! ¡Dám__________! No entiendo nada.

e) ¿Ya saben tus padres que tienes malas notas en Francés?

No, pero tú tampoco __________ digas, ¿vale?

2 Todas estas frases contienen errores. Busca las soluciones entre las palabras de la derecha.

Frase	
Conozco **a** un bar muy bonito.	A
Le lo llevo mañana.	B
Matías **era** loco por ir a la fiesta.	C
Mi abuela **es** muerta.	D
La película **está** muy buena.	E
En la sala **está** un ordenador.	F
Acabo de **leído** el periódico.	G
Sigo **hacer** deporte todos los días.	H
No me voy **solo** el lunes.	I
Al primero tienes que aprobar el examen.	J
Conozco **con** tu hermano.	K

	Solución
1	estaba
2	es
3	hay
4	leer
5	haciendo
6	está
7	Ø
8	se lo
9	a
10	hasta
11	primero

3 Traduce al español.

a) Ich habe gerade einen Film gesehen, der ganz toll ist. ______________________________

b) Ich sehe gerade einen tollen Film. ______________________________

c) Ich bekomme Lust diesen Film zu sehen, aber ich weiß nicht so recht … ______________________________

____

d) Ich sehe den Film weiter, obwohl es schon sehr spät ist und ich morgen früh aufstehen muss. ______________________________

____

e) Ich sehe noch einmal Casablanca. Ich finde den Film toll! ______________________________

____

Zahlen und Uhrzeit Las cifras y la hora

A Ya sabes...

... cómo se dice qué hora es en francés, ¿no? Mira los siguientes relojes.

Quelle heure est-il ?

Il est une heure. | Il est cinq heures et quart. | Il est neuf heures moins le quart. | Il est une heure cinq. | Il est trois heures et demie.

¿En qué tienes que fijarte al decir a hora en español?

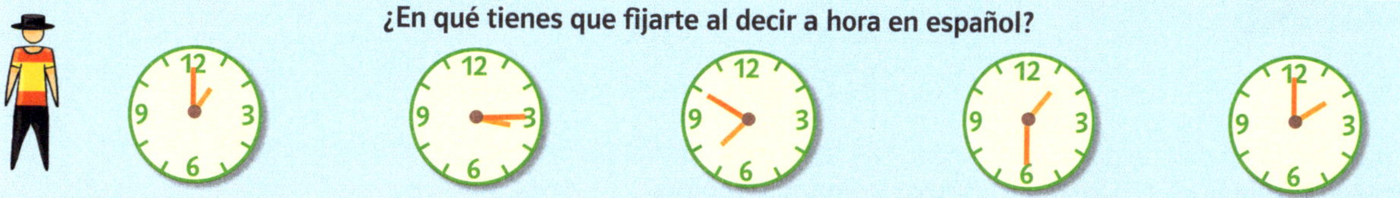

Es la una en punto. | Son las tres y cuarto. | Son las ocho menos diez. | Es la una y media. | Son las dos en punto.

Die Uhrzeit wird auf Spanisch mit dem ______________________ gebildet.

Ist die Uhrzeit **la una** (**en punto**, **y diez**, **menos cuarto** usw.), steht das Verb ______________________.

Ab **las dos** steht das Verb im Plural.

Zur vollen Stunde zählt man die Minuten mit ______________ bis einschließlich der halben Stunde (______________) hinzu. Danach werden die zur nächsten vollen Stunde fehlenden Minuten mit ______________ von dieser „abgezogen". Im Spanischen steht kein Artikel vor **media** und **cuarto**.

B Para practicar

1 Lee los siguientes artículos del periódico y escribe los números en letra dentro de los paréntesis. → § 24.1

Según la agencia EFE, España cierra el año 2012 (______________________) con 930 200 (______________________) jóvenes en paro, de un total de cerca de 6 000 000 (______________________) de españoles sin empleo. Un total de 737 500 (______________________) de los jóvenes tiene entre 20 (______________) y 24 (______________) años; y, 192 700 (______________________), entre 16 (______________) a 19 (______________) años.

2 Juan celebró la semana pasada su cumpleaños. Escribe en letra los siguientes números y después resuelve estos problemas. → § 24.1

a) Juan preparó ______________ 30 bocadillos y se comieron ______________ 9.
¿Cuántos bocadillos quedaron? Quedaron ______________ 21 bocadillos.

b) Juan compró ______________ 15 caramelos de menta y ______________ 45 caramelos de fresa. En su fiesta de cumpleaños se comieron ______________ 10 caramelos de menta y ______________ 33 caramelos de fresa.
¿Con cuántos caramelos se quedó Juan? Se quedó con ______________ 17.

3 Un grupo de amigos está haciendo una carrera de coches. Mira la siguiente ilustración y escribe en qué lugar llega cada uno a la meta. → § 24.2

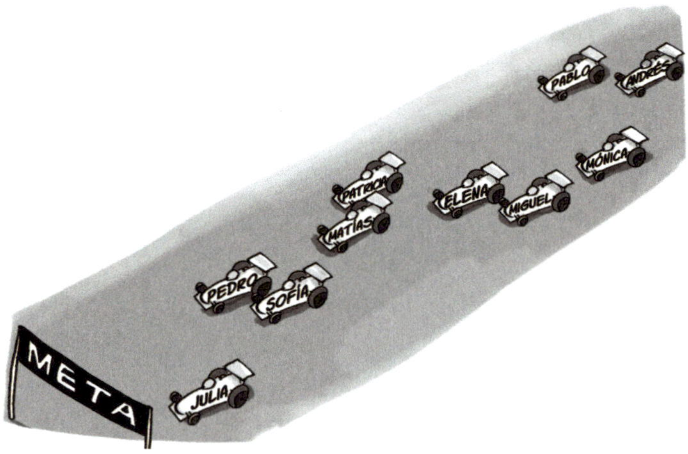

1. Julia llega ______________________
2. Pedro llega ______________________
3. Sofía llega ______________________
4. Matías llega ______________________
5. Patricia llega ______________________
6. Elena llega ______________________
7. Miguel llega ______________________
8. Mónica llega ______________________
9. Pablo llega ______________________
10. Andrés llega ______________________

4 Tu madre te ha pedido que hagas la compra y te ha dado la lista escrita. Sin querer la has roto por la mitad. Vuelve a componer la lista y escribe lo que tienes que comprar. → § 24.4

1 kg	de manzanas
¼ kg	de leche
1½ kg	de jamón
2 l	naranjas
100 g	de queso
2	de tomates

1 kg de tomates: un kilo de tomates
____
____
____
____
____

5 Calcula las horas. → § 24.2

a) Susanita sale a las 7:15 de casa para ir al colegio. Si llega al colegio a las 7:45, ¿cuánto tiempo ha necesitado para llegar? ______________________

b) Susanita hace una pausa para la comida. La pausa empieza a las 11:30 y dura dos horas. ¿A qué hora termina la pausa? ______________________

c) La clase de español de Susanita empieza a las 14:15. La clase dura 45 minutos. ¿A qué hora termina la clase? ______________________

d) Susanita hace deporte de las 17:15 a las 18:45. ¿Cuánto tiempo está haciendo deporte? ______________________

C Para evitar errores

Xavi manda una invitación a sus amigos. Completa el texto escribiendo en letra la información que encuentras en los paréntesis.

Hola amigos:

Sabéis que **(01–08)** ______________________ es mi cumpleaños.

Me gustaría mucho celebrarlo con vosotros. La fiesta empezará **(22:30 h)** ____________ ______________________ en mi piso en la calle Cervantes, número **(71)** ______________________.

Espero veros pronto.
Saludos,
Xavi

1 Aussprache, Betonung und Rechtscheibung
Pronunciación, acento y ortografía

A Ya sabes . . .

¡Hola!
Me llamo María y soy española. Hablo muy bien español, francés e italiano. Tengo un novio estadounidense, por eso el año que viene quiero ir a Estados Unidos a estudiar a la Universidad de Harvard. Me gustaría estudiar en la Facultad de Medicina, pero no hablo muy bien inglés. ¿Quién podría ayudarme?
Saludos,
María

B Para practicar

1

□ □ □ ■	□ □ ■ □	□ ■ □ □
ratón, canción, bailar, jamón, país, cantar	hablan, difícil, turistas, libro, árbol, mañana	teléfono, semáforo, música, fábrica, círculo, gramática

2 a) Luis: ¿Este bolígrafo es para mí?
Sara: No, no es para ti, es para Ramón.
b) Luis: ¿Cuál es el río más grande de Asia?
Sara: No lo sé.
c) Luis: ¿Se pueden comprar aquí termómetros?
Sara: Creo que sí.
d) Luis: ¿Dónde está la solución?
Sara: En la línea dos de la página diez.

3 Querido Andrés:
Hace una semana que estoy en México. Es un país maravilloso porque tiene una naturaleza extraordinaria. Pero lo que más me gustó fue la comida: tortillas, tacos, burritos, etc. Si quieres comer bien, tienes que ir a comer a un restaurante. También fui a los Estados Unidos, a San Diego. Crucé la frontera y lo primero que hice fue preguntar: «¿Cuál es la especialidad de la zona?» Ya te contaré más cosas cuando nos veamos.
Un abrazo,
Juan

C Para evitar errores

a) Si tengo dinero, me compro un coche.
b) Está lloviendo, por lo tanto, hoy no salís a jugar a la calle.
c) Desgraciadamente, no ha podido venir al instituto.
d) Cuando llegué a Madrid, llamé a mis amigos.
e) Me preguntó dónde vivía María.
f) Cuando vino Julia, la amiga de Mónica, nos fuimos al cine.
g) Nos gustaría ir al cine, pero tenemos que estudiar.
h) No sé si ir de vacaciones a España o a Italia, o quedarme en casa.
i) A pesar de todo, conseguimos llegar a lo alto de la montaña.
j) Me contestó que no sabía dónde estaba su pasaporte.

2 Der Artikel El artículo

A Ya sabes . . .

Abweichend vom Deutschen verwendet man den Artikel im Spanischen bei allgemeinen Aussagen, bei „señor(a)", wenn man über ihn/sie spricht, nach „todo(s)", „toda(s)", nach „tocar" und „jugar a", bei den Wochentagen, wobei der bestimmte Artikel *los* im Plural die Gewohnheit anzeigt (montags, dienstags etc.) und bei körperlichen Attributen.

B Para practicar

1 a) Papá, ¿**el** agua de **la** piscina está fría?
b) ¿Quién ha hecho **la** foto de **la** Alhambra?
c) **El** viaje fue muy bonito.
d) ¿Dónde están **las** fotos de este verano?
e) ¿Cuándo vamos **al** cine?
f) Esa es **la** moto d**el** padre de Miguel.
g) ¿Sabes cuándo es **el** cumpleaños de **la** profesora?
h) ¿Has mirado ya **los** días que tienes de **Ø** vacaciones?

2 unos – unas –unos – unas – una – una – Ø – unas – unos – Ø

3 a) Um wie viel Uhr fahren Busse nach Madrid?
b) Ich suche eine andere Arbeitsstelle. Diese gefällt mir nicht.
c) Ich habe ein halbes Kilo Kartoffeln gekauft.
d) Tee ist sehr gut für die Gesundheit.
e) Fast 50 % der Jugendlichen finden keine Arbeitsstelle.
f) Montags beginnt der Unterricht um acht Uhr morgens.
g) Kannst du Fußball spielen?
h) Ich habe keine Kinder.
i) Meine Schwester spielt sehr gut Klavier.
j) Herr Urquijo ist aus Madrid.
k) Meerschweinchen kommen aus Südamerika.
l) Musst du jede Woche Sport machen?

C Para evitar errores

Ø – El – la – la – Al – la – la – Ø – la – del – Ø – la – las – El – un – el – del – Ø – un – Ø

3 Das Substantiv El sustantivo

A Ya sabes . . .

Die spanischen Substantive haben zwei Geschlechter: männlich (maskulin) und weiblich (feminin).

B Para practicar

1

masculino singular	masculino plural	femenino singular	femenino plural
el autobús	los autobuses	el aula	las aulas
el coche	los coches	la canción	las canciones
el chocolate	los chocolates	la ciudad	las ciudades
el cumpleaños	los cumpleaños	la foto	las fotos

el día	los días	la juventud	las juventudes
el diccionario	los diccionarios	la llave	las llaves
el error	los errores	la mano	las manos
el millón	los millones	la nariz	las narices
el estudiante	los estudiantes	la estudiante	las estudiantes
el taxista	los taxistas	la taxista	las taxistas
el turista	los turistas	la turista	las turistas

2 b) Yo bebo agua fría.
c) Tú reservas una habitación en un hotel moderno.
d) A María le gusta mucho el chocolate.
e) El hombre paga el rescate.
f) Mañana tenemos una excursión.
g) Me encantan las vacaciones.

3 b) Piso es una palabra masculina, las demás son femeninas.
c) Problema es una palabra masculina, las demás son femeninas.
d) Lección es una palabra femenina, las demás son masculinas.
e) Especie es una palabra femenina, las demás son masculinas.
f) Edificio es una palabra masculina, las demás son femeninas.

C Para evitar errores

1 A3 – el cumpleaños; B7 – el modelo; C6 – la sal; D8 – un problema; E9 – la modelo; F10 – la radio; G2 – el tema; H4 – la capital; I1 – la ensalada; J5 – una falda

2 a) La chica tiene un problema.
b) Primero tienes que cortar las patatas.
c) He perdido la maleta.
d) El pintor ha terminado la obra.
e) Tengo un millón de euros en el banco.
f) Todo el grupo visita el museo.

3 un – una – un – buenísimo – al – un – una – larga – mucha – un – de la – muchas – una – una – modelo – la

4 una – un – la – la – un – un – el – un – una – la – los – la – las – las – la – el – los

4 Das Adjektiv El adjetivo

A Ya sabes …

1 Man muss auf das Substantiv achten, auf das sich das Adjektiv bezieht. Das Adjektiv richtet sich nämlich in Zahl (Singular / Plural) und Geschlecht (maskulin / feminin) nach dem Substantiv.

2 (1) española, (2) gordita, (3) bajita, (4) negro, (5) español, (6) gordito, (7) bajito, (8) negro, (9) alemán, (10) delgado, (11) alto, (12) castaño, (13) importantes

B Para practicar

1

optimista – el chico	el chico optimista	los chicos optimistas
bonito – la habitación	la habitación bonita	las habitaciones bonitas
famoso – el actor	el actor famoso	los actores famosos
tropical – el huracán	el huracán tropical	los huracanes tropicales
alto – la montaña	la montaña alta	las montañas altas

2 grande – redonda – amplio – pequeña – cómodos – luminosa – famoso – pequeña – cuadrada – alta – baja – cómodas – oscura – pequeña

3

El campo	El campo es verde.	Las nubes	Las nubes son blancas.
El sol	El sol es amarillo.	Los tomates	Los tomates son rojos.
El mar	El mar es azul.	La esperanza	La esperanza es verde.
El corazón	El corazón es rojo.	Los elefantes	Los elefantes son grises.
La luna	La luna es blanca.	La madera	La madera es marrón.
El carbón	El carbón es negro.	Los plátanos	Los plátanos son amarillos.

4 b) una obra de literatura española.
c) un plato típico español.
d) una región argentina.
e) un escritor peruano.
f) unos cantantes colombianos.
g) una pintora mexicana.

5

B	E	L	G	A	N	T	I	N	O
J	A	P	O	N	É	S	T	I	R
H	A	Y	R	U	F	X	A	N	M
O	L	F	O	J	R	Y	L	G	E
L	E	P	E	M	A	N	I	L	X
A	M	O	V	I	N	E	A	E	I
N	Á	S	U	E	C	A	N	S	C
D	N	N	G	H	É	S	A	A	A
É	X	Q	Y	H	S	O	C	U	N
S	J	O	S	U	I	Z	O	D	A

País	Habitantes	
	Masculino	Femenino
Japón	japonés	japonesa
Suecia	sueco	sueca
Inglaterra	inglés	inglesa
Suiza	suizo	suiza
Holanda	holandés	holandesa
México	mexicano	mexicana
Alemania	alemán	alemana
Francia	francés	francesa
Italia	italiano	italiana
Bélgica	belga	belga

C Para evitar errores

1 Miranda: Mira, este es Juan, mi **mayor** hermano **mayor**.
Es un **buen** chico **bueno**. Estudia el **tercer** año **tercero** de Medicina. Mi **pobre** hermano **pobre** se pasa todo el día en su habitación estudiando porque ahora tiene **muchos** exámenes **muchos** y quiere sacar **buenas** notas **buenas**. Por eso, últimamente, tiene **poco** tiempo **poco** libre.
Pedro: ¿Y esta chica?
Miranda: Es mi hermana. No es una **mala** chica **mala**. Estudia Arquitectura. Es una **buena** estudiante **buena**. El día de mañana va a ser una **gran** mujer **grande**.

2 Hoy he tenido un mal día.
Por la mañana hemos ido toda la clase a ver una gran exposición al museo. Era del famoso pintor Goya.
Era una exposición muy buena. ¡Me ha encantado!
Hemos pasado un buen rato.
Pero por la tarde en el colegio, nos han dado las notas del examen de Matemáticas.
No he sacado buenas notas.
Para olvidarme del mal trago me he ido con unos amigos a ver un concierto de un gran grupo musical: «Los locos».
Y me he metido en un buen lío porque al volver a casa mis padres me han echado una gran bronca por las malas notas y por no avisarles de que iba al concierto.

5 Personal- und Reflexivpronomen
Pronombres personales y reflexivos

A Ya sabes...

Die Subjektpronomen werden im Spanischen in der Regel nicht eigens genannt, da man die Person meist an der konjugierten Verbform erkennen kann. Die Subjektpronomen werden nur verwendet, wenn es nötig ist, eine Person hervor zuheben oder Personen zu unterscheiden.
Direkte und indirekte Objektpronomen sowie Reflexivpronomen stehen im Spanischen immer direkt vor dem konjugierten Verb. Stehen zwei Pronomen beim Verb, haben sie folgende Reihenfolge: Reflexivpronomen + direktes Objektpronomen oder indirektes + direktes Objektpronomen. Stehen „le" und „les" vor „lo", „la", „los" und „las", dann wird das indirekte Objektpronomen durch „se" ersetzt.

B Para practicar

1 a) yo – ella c) Tú
b) ustedes – él / ella d) nosotros / nosotras

2 para ti – conmigo – contigo – de él – Según él – con él – con nosotros – Por mí – entre tú y yo – de él – de él – de ti – con ella

3 b) Mi vecino tiene un gato y le da de comer cada mañana.
c) Juan sabe a qué hora sale el tren. Pregúntaselo.
d) Mis amigos van de vacaciones a Brasil y les deseo unas felices vacaciones.
e) María necesita ayuda. ¿Puedes ayudarla?

4 lo – le – la – se lo – me – le – Me – Me lo – ellos – te – me – Te – los

C Para evitar errores

no te – ayudarlo – Hazlo – tú y yo – contigo y conmigo – les – les – dudarlo – se lo – lo – explicárselo – se – buscarlo – lo

6 Demonstrativbegleiter und -pronomen
Determinantes y pronombres demostrativos

A Ya sabes...

Die Demonstrativbegleiter stehen in Beziehung zu den Ortsadverbien „aquí", „ahí" und „allí". Sie richten sich nach dem Substantiv, auf das sie sich beziehen. Sie helfen, das räumliche oder zeitliche Verhältnis zum Sprecher zu definieren.

B Para practicar

1 Esta – esta; esos – esos; Aquellos

2 a) esto; b) eso; c) ese; d) Este; e) Estas – aquellas

3 Este – esta – estos – este – esa – esa – aquella

4 A 4; B 3; C 1; D 2

C Para evitar errores

1 1. Luisa; 2. María; 3. María; 4. Luisa; 5. María

2 eso – eso – eso – ese – eso – esto – eso

7 Indefinitbegleiter und -pronomen
Determinantes y pronombres indefinidos

A Ya sabes...

Laura: ¿Qué tal estuvo la fiesta?
Julia: ¡Fenomenal! Algunos de mis amigos llegaron muy pronto y otros más tarde a la cena. Cada persona trajo algo para comer o beber. Así que había bastante comida y suficiente bebida. Yo creo que nadie se aburrió en la fiesta, pero solo unos pocos bailaron toda la noche. Casi todos estuvieron hablando en la mesa. Al final, muchos me ayudaron a ordenar y ninguno
se olvidó nada en mi casa.
Laura: ¡Qué bien! Y yo no pude ir... ¡Qué pena! ¡Pero ayer tenía tanto trabajo!

Tienen formas diferentes para masculino y femenino:	
Otro, -a, -os, -as Mucho, -a, -os, -as Uno, -a, os, -as	Poco, -a, -os, -as Todo, -a, -os, -as Ninguno, -a, -os, -as Tanto, -a, -os, -as

Tienen la misma forma para masculino y femenino:	Tienen formas diferentes para el singular y el plural:
Cada Nadie Algo	Bastante (-s) Suficiente (-s)

B Para practicar

1 … algunos son simpáticos. Bastantes están aburridos. Muchos / Muchas hablan cuando el profesor explica. Ninguno / Ninguna tiene más de 18 años. Alguno / Alguna habla español. Nadie es bueno en Matemáticas. Bastantes hacen los deberes. Pocos / Pocas sacan buenas notas.

2 algo – nada – alguien – alguien – Nadie

3 a) ★ ¿Has leído algún libro de Vargas Llosa?
★ No, todavía no he leído ningún libro de él, por eso no te puedo recomendar ninguno.
b) ★ ¿Puedes recomendarme alguna película interesante?
★ Lo siento, pero es que esta semana no he visto ninguna interesante.
c) ★ ¿Van todas tus amigas a la fiesta de Pedro?
★ No, solo algunas.
d) ★ ¿Hay alguna tienda de zapatos en este barrio?
★ No, no conozco ninguna. No soy de aquí.

4 a) A buen entendedor pocas palabras bastan.
Dem klugen Kopf genügt ein Wort.
b) Cualquier tiempo pasado fue mejor.
Früher war alles besser.
c) El que algo quiere, algo le cuesta.
Ohne Fleiß, kein Preis.
d) El tiempo todo lo cura.
Die Zeit heilt alle Wunden.
e) Más vale poco y bueno que mucho y malo.
Besser wenig und gut als viel und schlecht.
f) Todos los caminos llevan a Roma.
Alle Wege führen nach Rom.

C Para evitar errores

nadie – algún – ninguna – todo el día – ninguna – a todo – En – otra – otra – en otro – alguien – alguna – Nadie

8 Possessivpronomen und -begleiter
Pronombres y determinantes posesivos

A Ya sabes …

son – sa – son – sa – elles – leur; his – her – their; su – su – su

B Para practicar

1

Las gafas…	Son tus gafas.	Las gafas son tuyas.
La falda…	Es su falda.	La falda es suya.
La moto…	Es su moto.	La moto es suya.
La bicicleta…	Es su bicicleta.	La bicicleta es suya.
El billete…	Es su billete.	El billete es suyo.
Los pisos…	Son nuestros pisos.	Los pisos son nuestros.
El coche…	Es vuestro coche.	El coche es vuestro.
La maleta…	Es su maleta.	La maleta es suya.

2 nuestra – Nuestros – nuestro – Nuestros – nuestra; su – su – Nuestros – su – nuestra

3 a) mis – mis – su – tu – su – su – tus – mis – sus
b) Mis – nuestros – su – nuestro – su – sus – míos – nuestros – tuyos

C Para evitar errores

1 A3; B4; C1; D2

2 a) ¿Te has lavado las manos?
b) Las flores son de usted, ¿no?
c) Ayer me rompí la pierna derecha y el brazo izquierdo en clase de Gimnasia.
d) ¿Es este tu móvil?
e) ¿El libro es de él o de ella?

3 a) suyo – mío – mi; b) su; c) su – Mi; d) sus

9 Relativpronomen und -adverbien
Pronombres y adverbios de relativo

A Ya sabes …

Relativpronomen und -adverbien leiten einen Relativsatz ein und bestimmen ein Wort näher, das bereits genannt wurde. „Que" entspricht den deutschen Relativpronomen „der, die, das und den". In Verbindung mit Orten benutzt man „donde". „Donde" entspricht im Deutschen „wo".

B Para practicar

1 a) Claudia, la que trabaja en mi departamento, está de vacaciones ahora.
b) Mi hija, que ahora vive en Salamanca, vendrá a visitarnos el sábado.
c) Ayer vi a una chica que se parecía a ti.
d) Mi amiga, cuyo padre es médico, nunca está enferma.
e) Tengo que hablar con la chica que es amiga de Mónica.
f) Esa chica, la que tiene gafas, es la amiga de Mónica.

2 de la que – que – con el que – a quien – en la que

3 b) Estoy leyendo el libro que me regalaste la semana pasada.
c) Me he comprado unos zapatos nuevos que han costado 200 euros.
d) Es un profesor de español que me gusta mucho.
e) Esa chica, que lleva un vestido verde, es mi amiga.

4 a) Javier Bardem, el cual está casado con Penélope Cruz, ya ha ganado un Óscar de Hollywood.
c) Juan y Pedro, los cuales ahora están enfermos, son unos compañeros de trabajo excelentes.
e) La última novela de García Márquez, la cual todavía no he leído, ha tenido muy buenas críticas.

5 A4; B5; C6; D2; E1; F3

C Para evitar errores

cuándo – adónde – donde – lo que – los que – donde – que

10 Interrogativ pronomen und -adverbien
Pronombres y adverbios interrogativos

A Ya sabes...

acento

B Para practicar

1 MADRID

2 1 D; 2 E; 3 A; 4 C; 5 B

3 a) 2. Cuántos; b) 2. Cuál; c) 2. Qué; d) 2. Cuánto

4 2. ¿Dónde está la casa de tus abuelos?
3. ¿Cuántos hermanos tiene Juan?
4. ¿Qué música le gusta a Enrique?
5. ¿De dónde es tu abuelo?
6. ¿Qué hacen los niños? / ¿Qué ven los niños?
7. ¿Con quién estás chateando? / ¿Qué estás haciendo?
8. ¿Cuál es el río más largo del mundo?

C Para evitar errores

Cuánta – Por qué – cuando – Quiénes – que – qué – Por qué – porque – Qué – como – que – Qué – que – qué

11 Adverbien Adverbios

A Ya sabes...

1

adjetivos en -o	adverbios	otros adjetivos	adverbios
tranquilo	tranquilamente	frecuente	frecuentemente
diario	diariamente	habitual	habitualmente
		regular	regularmente

Die Endung *-mente* wird an die feminine Singularform des Adjektivs angehängt.

2 perfectamente – fácilmente – amablemente – lentamente – tranquilamente – espontáneamente – precisamente

B Para practicar

1 a) bueno; b) buen; c) bueno; d) buen; e) bien; f) bien, g) buena; h) bien

2 a) mucho; b) mucho; c) muy; d) mucho; e) muchos; f) mucha

3 a) Posiblemente iremos de vacaciones este año a Tenerife.
b) Juan habla bastante bien francés, pero yo no lo hablo nada bien.
c) Apenas llegó, se sentó tranquilamente en el sofá.
d) A menudo aprendo el nuevo vocabulario de memoria.

4 a) Hoffentlich. b) Gerade. c) Gern(e).
d) Wieder. e) Anscheinend.

C Para evitar errores

buena – mal – bien – mala / malo – rápido – rápidamente – buena / bueno – mucho

12 Vergleich und Steigerung
Los grados de la comparación

A Ya sabes...

1 Im Spanischen wird der Komparativ (Vergleich und Steigerung) der Adjektive mit *más que*, *menos que* und *tan como* gebildet. Man muss auf die Endung des Adjektivs achten.

2 El coche de Montse es más rápido que el de Alejandro.
El coche de Alejandro es menos rápido que el de Montse / Raúl.
El coche de Raúl es tan rápido como el de Montse.

B Para practicar

1 buena – buena – mejores – mal – mal – mejor – mejor – peor – mejor – mejores

2 a) tanto – tan; b) tan – tan; c) tantos – tan;
d) tan – tantos; e) tan – tanta; f) tantos – tan

3 a) como; b) la misma – igual; c) el mismo;
d) tan – igual; e) prefiere; f) igual – los mismos

4 b) A los dos les gusta el mismo deporte.
c) Tipi prefiere el flamenco a la salsa.
d) A Tipi y a Tape les gustan diferentes cosas: a Tipi le gustan los museos y a Tape, los conciertos.
e) Tape prefiere ir más a conciertos que ir a museos.
f) A Tape como a Tipi les gusta ir de tapas.
g) A los dos no les gusta ir a los mismos sitios, Tape prefiere el cine y Tipi, las discotecas.

5 a) Disneylandia es el parque de atracciones más grande / es el mayor parque de atracciones del mundo.
b) Harry Potter es la película más taquillera del mundo.
c) El Señor de los Anillos es el libro más leído del mundo.
d) Bill Gates es la persona más rica del mundo.
e) La rueda es el invento más importante del mundo.
f) El Everest es la montaña más alta del mundo.

6 b) muy famoso – famosísimo; c) muy alta – altísima
d) muy larga – arguísima; e) muy grande – grandísimo
f) muy lejos – lejísimos; g) muy antiguo – antiquísimo

C Para evitar errores

1 a) más visto; b) menos conocido; c) el más leído;
d) la menos conocida

2 ... le pregunta a Sofia por el examen de Matemáticas y ella dice que bien, que el examen de Francés de ayer fue más difícil. Jens dice que Matemáticas es la asignatura que más le gusta y que por eso los exámenes de Matemáticas son los más fáciles para él. En cambio, para Julia, la asignatura de Matemáticas es menos interesante que la de Educación Física. También hablan de lo que van a hacer este viernes. A Jens le gustaría hacer un curso de baile, pero todavía no sabe adónde ir. Ha visto dos escuelas de baile y una es más barata, pero tiene que ir 20 minutos en bicicleta. La otra está más cerca y podría ir más rápido, sin embargo, es más cara. Sofia le comenta que su hermano mayor hizo un curso de baile el año pasado.

Y que el profesor era el mejor del país y que se pasaban unos viernes divertidísimos. Además, dijo que las chicas más guapas de la ciudad iban a esa escuela de baile. Y Jens quiere saber ahora cómo se llama la escuela de baile porque parece que es mejor y más interesante que las que él ha buscado.

13 Die Verneinung La negación

A Ya sabes...

Montse: Oye, los franceses no están contentos porque parece que no ven nada.
Roberto: Y la música no le gusta tampoco al chico. Dice que nadie conocía al grupo y nadie quería ir a este concierto.
Montse: Pues que no se quejen. Yo no compro nunca billetes tan baratos, por eso nunca estamos detrás de las columnas durante los conciertos. Creo que no hay nada peor que eso.

No – vor dem konjugierten Verb – *no* – vor

B Para practicar

1 no – nada – No – nunca – no – nada – nunca – no – nada – nunca – no – nada – no – ningún – Tampoco – no – ni – ni – Nunca – No – ningún – ninguna

2 a) 3. Nuestras clases de Matemáticas nunca son interesantes.
b) 1. Nadie de mi clase me cae bien.
c) 3. Los profesores no hacen nada divertido.
d) 2. Tampoco tenemos exámenes fáciles.

C Para evitar errores

1 Lösungsvorschlag:
Querida Kerstin:
Hoy he ido a un concierto del grupo Porteño. Desgraciadamente, no me ha gustado nada. Nunca había comprado billetes tan caros / No había comprado nunca billetes tan caros para escuchar música tan mala. El grupo dejó el escenario sin haber cantado nada bueno.
Pero no quiero escribir solo sobre Porteño. Raúl y yo pasamos las vacaciones en casa de Mónica, la tía de Raúl. Como Javier, el hijo de Mónica, ya no vive en casa, Mónica nos ha dejado el cuarto de Javi. Nadie nos mima más que Mónica. Ahora está en la ciudad para hacer la compra y todavía no ha regresado. Esta noche quiere preparar gazpacho. Nadie lo hace mejor que ella.
Nunca he estado mejor que aquí. / No he estado nunca mejor que aquí.
Saludos, Leonie

2 a) 1. María ya se ha ido de casa.
b) 2. Nunca he estado en París.
c) 1. Todavía no ha pasado nada.
d) 1. No hay ninguna posibilidad de hacerlo.

14 Das Verb El verbo

A Ya sabes...

-are	-ar	-ēre	-er
stare	estar	habere	haber
dare	dar	videre	ver
sonare	sonar	tenere	tener
-ire	**-ir**	**-ere**	**-ir / -er**
venire	venir	dicere	decir
dormire	dormir	legere	leer
audire	oir	dividere	dividir

vosotros, -as – yo

B Para practicar

1 Me llamo Juan. Tengo 26 años. Soy economista. Vivo en San Sebastián. Llevo una vida normal, aunque algunos de mis amigos piensan que estoy un poco loco. Trabajo en una empresa de consultoría, pero mi trabajo no me gusta mucho. Si me llamaran de otra empresa, dejaría este trabajo. Si estuviera aquí mi jefe, le diría un par de cosas sobre mi trabajo. Los fines de semana esquío y hago escalada. Y en mi tiempo libre escribo en mi blog. Si quieres puedes buscarlo en Internet bajo el nombre El blog del loco. ¡Que te diviertas!

Verbos en *-ar*		Verbos en *-er*	Verbos en *-ir*
llamarse	gustar	tener	vivir
llevar	llamar	ser	decir
pensar	dejar	hacer	escribir
estar	esquiar	querer	divertirse
trabajar	buscar	poder	

2

Indicativo	Sunjuntivo
yo bailé	yo / él / ella / usted funcionara
yo escribiré	tú gires
ellos / ellas / ustedes lavarán	ellos / ellas / ustedes huelan
él / ella / usted nada	yo / él / ella / usted inscriba
ellos / ellas / ustedes ocuparon	tú juegues
yo / él / ella / usted pedía	yo / él / ella / usted resaltara
ellos / ellas / ustedes subirán	ellos / ellas / ustedes tuvieran
	ellos / ellas / ustedes vean

Condicional	Imperativo
yo / él / ella / usted mentiría	admira (tú)
yo / él / ella / usted querría	no cantes (tú)
	no gires (tú)
	huelan (ustedes)
	inscriba (usted)
	no juegues (tú)
	nada (tú)
	vean (ustedes)

3 a) tienes; b) haya; c) lleves; d) veo; e) vayas; f) puedo

4 A2, II; B3, III; C4, IV; D1, I

5 a) La carta es entregada por el cartero.
b) Calatrava diseñó el puente.
c) La prensa ha difundido el rumor.
d) Esta novela fue escrita por Juan cuando estaba en la universidad.
e) La policía detuvo al ladrón.
f) Los jóvenes habían organizado la manifestación.

6

Infinitivo	Participio	Gerundio
hacer	hecho	haciendo
vivir	vivido	viviendo
pedir	pedido	pidiendo
ser	sido	siendo
leer	leído	leyendo
ir	ido	yendo
descubrir	descubierto	descubriendo
escribir	escrito	escribiendo

7 terminado – preparado – acabar – escribir – ir – ir – terminar – dando – pasar – mirar – haciendo – buscar – esperando – saliendo

C Para evitar errores

1 a) hayas pasado; b) decirte; c) trabaja; d) están buscando; e) saber; f) conseguir; g) ayudar; h) fue fundada; i) pienses; j) decir; k) pagado; l) tendrías; m) quieren; n) corrija; ñ) interesada; o) interese; p) tengas; q) pongas

2 a) Yo en tu lugar no diría nada.
b) Es evidente: No se puede conducir borracho.
c) No creo que María venga a la fiesta.
d) ¿Este acueducto fue construído por los romanos?
e) No te preocupes, mañana no va a llover.
f) He dejado de fumar y ahora me siento mucho mejor.
g) Llevo tres meses sin probar el chocolate.
h) En Málaga se come mucho pescaíto frito.

15 Der Indikativ El indicativo

A Ya sabes…

Der Indikativ, ist der Modus, der verwendet wird, um Tatsachen auszudrücken.

B Para practicar

1 empieza – Pienso – Quieres – muero – puedo – jugamos

2 hago – haces; voy – vas; agradeces – hago; dices – reconozco

3 a) están – es – trabaja – es – trabaja – va – compra – va – ordena – estudia – escucha – prepara – hace – tiene – lavan – ven
b) va – quiere – va – va – habla – baila – Regresa – lee

4 A5; B4; C1; D2; E3

5 b) María ha ganado un viaje.
c) Juan se ha casado.
d) Han sacado un disco nuevo.
e) Ha tenido un accidente.
f) Ha robado una moto.

6 b) Hace años los inviernos eran más fríos.
c) En aquella época no había turistas en Mallorca.
d) Cuando era joven, se vivía mejor.
e) Entonces se llevaba la minifalda.
f) Hace veinte años no existía el rap.
g) Antes se hablaba del movimiento hippie.

7 No le gustaba hacer deporte y no llevaba una vida sana. Era muy caótica, no dormía lo suficiente, no iba al gimnasio regularmente y siempre usaba el coche, nunca iba a pie. Nunca tenía una sonrisa en su cara.

8 3. indefinido; 4. presente; 5. indefinido; 6. presente; 7. presente; 8. indefinido

9 b) En 1928 se descubrió la penicilina.
c) El 14 de julio de 1789 se tomó la Bastilla.
d) El 23 de abril de 1616 murió Cervantes.
e) En verano de 1992 se celebraron los Juegos Olímpicos de Barcelona.
f) En 1808 se publicó Fausto.
g) El 21 de julio de 1969 llegó el hombre a la Luna.
h) En 1945 terminó la Segunda Guerra Mundial.
i) El 12 de octubre de 1492 se descubrió América.
j) En noviembre de 1989 cayó el muro de Berlín.

10 había sonado – había preparado – se había marchado – había recargado – habían perdido – nos habíamos olvidado – había terminado – se había ido

11 a) 2.; b) 1.; c) 2.; d) 1.; e) 2.; f) 1.; g) 1.

12 has comprado – has visto – vi – he estado – has pasado – hiciste – Estuve – he hablado – dijo – contó – tenía – gustaba – comentó – salía – habían dejado – tenía – contó

13 Se llamaba Bella. Bella vivía en una casa cerca de un bosque misterioso. Un día su padre fue al bosque y se perdió. Esa noche el padre encontró refugio en un castillo que parecía estar abandonado. Allí encontró comida caliente y una cama donde dormir. Al día siguiente, antes de volver a su casa, el padre de Bella robó una flor del bello jardín del castillo. En ese momento apareció el propietario. El propietario era un monstruo feo y huraño que se llamaba Bestia. El propietario pidió que el padre le diera a su hija a cambio de la flor. El padre aceptó y Bella llegó al Castillo. Cuando Bella vio a Bestia tuvo miedo de él. Pero poco a poco Bella se enamoró…

14 Iré – seré – Tendré – haré – pondré – diré – tendré

15 Futuro – Suposición – Suposición – Prohibición – Futuro – Futuro – Suposición

16

Futuro simple	Futuro compuesto
Estará en la sala de profesores.	Se habrá quedado dormido.
El otro estará viejo.	Le habrá tocado la lotería.
Irá ahora en coche a todas partes.	Su madre le habrá dado el dinero.
Ya no tendrá que vivir con sus padres.	Habrá encontrado un trabajo nuevo.
Irá ahora todos los días a la playa.	Habrá conocido a alguien.

C Para evitar errores

1

hemos llegado, está
nos gusta
había estado
trabajaba
iba
hubiera creído
compró
interesaba
se ha comprado
ha leído, sé
me interesa
ha venido
es, invitados
llueve, queremos
vamos a montarnos

2
a) [X] 1. Todos los veranos
b) [X] 3. Mientras se iban…
c) [X] 6. Todas las noches
d) [X] 7. Mientras me…
e) [X] 10. Una vez

16 Das *condicional* El condicional

A Ya sabes…

Y este tonto me había dicho que ya no la vería nunca más. ¿No sería esa madrileña?

B Para practicar

1

verbos regulares		verbos irregulares	
ayudar	ayudaría	hacer	haría
encantar	encantaría	poder	podrías
gustar	gustaría	poner	pondría
preferir	preferiría	tener	tendríamos
estar	estaría	venir	vendría

2
a) … ir a la playa.
b) … estar enfermo.
c) … comprar una moto.
d) … vivir en el campo.

3
b) Yo en tu lugar iría a ver una película de acción.
c) No sé si salir esta noche o no. Yo en tu lugar saldría.
d) Yo en tu lugar comería una ensalada.

4
a) ¿Le importaría abrir la ventana?
b) ¿Podría hablar más alto, por favor?
c) ¿Podría decirme la hora, por favor?
d) Perdón, ¿sabría indicarme el camino a la estación de autobuses?

5
b) No se acordaría de mi dirección.
c) Estaría enfadado.
d) Querría ver el partido de fútbol por la tele.
e) Tendría un compromiso muy importante.
f) Se olvidaría.

6
a) Deseo.
b) Suposición.
c) Posibilidad.
d) Deseo.
e) Recomendación.
f) Petición.

7 A3; B4; C5; D1; E2; F6; G8; H9; I7

8
a) habría estado
b) habría tenido – habría pensado
c) habría comprado
d) habría tenido
e) habría salido
f) se habría enfadado
g) habría ido
h) habría visto

C Para evitar errores

1
a) ¿Te gustaría ir conmigo al cine?
b) Clara ha dicho que se quedaría todavía un rato.
c) En el pronóstico del tiempo anunciaron que hoy haría sol.
d) ¿Te casarías con un hombre como él?

2
a) Con más tiempo habría podido aprobar el examen.
b) Habrías tenido que decirlo, cuando te preguntamos.
c) Me habría gustado ir en avión a Italia.
d) ¿Habría sido mejor?

3 hará – tendríamos – quería – quería – hará – va – haría – iba – voy

4 A3; B4; C1; D2

17 Der *subjuntivo* El subjuntivo

A Ya sabes…

In beiden Sprachen wird der subjuntivo verwendet, um Wünsche und Befehle auszudrücken. Der *subjuntivo* ist außerdem bei vielen unpersönlichen Ausdrücken und bewertenden Verben nötig. Es gibt aber auch kleine Unterschiede zwischen den zwei Sprachen. Im Spanischen wird der *subjuntivo* auch nach dem Verb *esperar* und bei der Bildung des verneinten Imperativs verwendet (siehe auch Kapitel 18).

B Para practicar

1

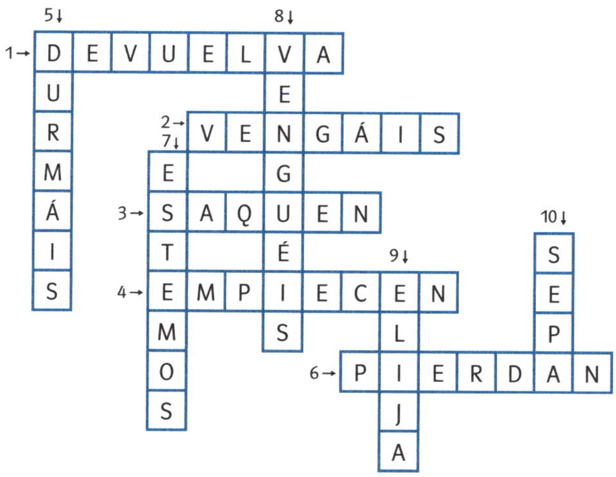

2 ordenaran / ordenasen – ayudaran / ayudasen – tuvieran / tuviesen – salieran / saliesen – visitaran / visitasen – vieran / viesen – fueran / fuesen

3 e) cumplir muchos más — a) mejorarse — c) pasárselo bien — d) descansar — b) ser muy feliz — f) tener un buen fin…

4 b) ¡Que seáis muy felices!
c) ¡Que te lo pases bien!
d) ¡Que descanses!
e) ¡Que cumplas muchos más!
f) ¡Que tengáis un buen fin de semana!

5 pueda – es / sea – dejen – consiga / consigo – permitan / permitirán – permitan

6

indicativo		subjuntivo	
Creo… Es cierto… Es evidente… Es obvio… Está claro… Me parece… Pienso…	es	Deseo… Dudo… Es increíble… Es lógico… Es posible… No estoy convencido, -a de… No creo… No pienso… No soporto… Me molesta… Espero… Me parece bien / mal… Es una lástima…	sea

7 está hablando – está – esté hablando – se esté riendo – está preparando – necesita – esté preparando – ha ganado – haya ganado – esté – se comporta – hemos vuelto – tienes

8 b) Odio que mi madre me despierte el domingo a las 7 para ir a correr.
c) Me sorprende que mi hermano me lleve el desayuno a la cama.
d) No me gusta nada que una compañera de clase lleve el mismo vestido que yo.
e) Me parece mal que la profesora de español no se acuerde nunca de mi nombre.
f) Tengo miedo de que mi madre no me deje ir a EE.UU.
g) Me alegro de que mi mejor amiga haya ganado un premio de teatro.

9 vayamos – cambiemos – comamos – bebamos – lleve – veamos – entremos – salgamos – tome – obedezcamos

10 … ambiemos a energías alternativas, es aconsejable que reciclemos y es conveniente que cuidemos la naturaleza. Creen que es posible que cambiemos nuestra actitud.
… la riqueza esté mal repartida y que haya muchos jóvenes sin trabajo. Además, es una lástima que los jóvenes no puedan ser independientes. No es justo que los ricos sean cada vez más ricos y los pobres sean cada vez más pobres.

11 fuera – jugara – sea – esté – hiciera – haga – pase – celebrara – quiera

12 b) … para que no se te estropeen los dientes.
c) … para que puedas ver mejor.
d) … para descansar / para que descanses.
e) … para que te compres un regalo.
f) … para que no te pongas enfermo / para no ponerte enfermo.

13 b) sigas; c) encuentres – puedas; d) termines;
e) pierdas – te pongas

14 ayude – sabe – conozco – sea – estudie – acompañe

C Para evitar errores

1 emplea / ha empleado – ponemos – sepa – hable – habla – es – entienden – viva – sea – sepa – estemos – cuide

2 Querida Alejandra:
¿Qué tal estás? Es muy divertido el e-mail que me has mandado, pero creo que alguien se ha equivocado. Aquí te pongo lo que dice:

«Querido Alex:
Aunque mis padres no quieran, yo voy casarme contigo. Aunque ya sé que nuestra relación no va a ser fácil y aunque tenga que dejar toda mi vida en Alemania, lo conseguiremos. Quizás pueda hacer un curso y aprender español en una academia de idiomas. Me gustaría poder trabajar como profesora en un colegio cuando aprenda bien el idioma.
Antes de que nos casemos, quizás podamos vivir un tiempo juntos y viajar por España. He oído que España es impresionante. A lo mejor puedes enseñarme algunas de las fantásticas playas. Cuando tengamos niños, no va a ser tan fácil. Espero que a ti también te gusten los niños. ¿Y tus padres qué dicen? ¡Ojalá que yo les guste! Cuando llegue a Madrid, me gustaría conocerlos.
Cuando compre el billete de avión y sepa la hora de mi llegada a Madrid, te mandaré un mensaje.»
Y se despide con besos.

Con besos me despido yo también.
Hasta pronto,
(Alumno)

18 Der Imperativ El imperativo

A Ya sabes . . .

Dar instrucciones – Ordenar – Dar permiso – Aconsejar

B Para practicar

1 a) toma; b) abre; c) vete; d) haz; e) espera – pon; f) Pregunta – busca

2 lleve – haga – coma – tome – se salte – tumbe – apúntese – beba – reduzca – fume – vaya – Utilice – vaya

3 Escuchad – os– sed– portaos – Hablad – digáis – Comed – os – tened – volved – venid – os – entretengáis – Haced – iros

4 a) No, cuéntaselas tú.
b) No, pídeselo tú.
c) No, infórmaselo tú.
d) No, cómpraselos tú.
e) No, explícasela tú.

C Para evitar errores

1 Neutral. – Amable. – Nerviosa.– Neutral. – Nerviosa. – Nerviosa. – Nerviosa. – Amable.

2 b) ¡A dormir! – ¿Vamos a la cama?
c) ¿Queréis pasar? – Podéis pasar.
d) ¿Podéis escucharme, por favor? – ¿Queréis escucharme, por favor?
e) ¡A comer! – ¿Vamos a comer?
f) ¿Podría hacerlo usted, por favor? – ¿Quiere hacerlo usted?

3 Lávate – Termina – Haz – Da – Pon – Ten – Sal – ve – Di – sé – Pasa – compra

19 Infinitiv, Partizip und Gerundium El infinitivo, participio y gerundio

A Ya sabes . . .

1 "present progressive" – estar – gerundio

2 … is handing, is watching, is going.
… está bajando, está mirando, está viendo, está poniendo, está haciendo.

3 -ando; -iendo

B Para practicar

1

Infinitivo	Gerundio	Participio
ir	yendo	ido
leer	leyendo	leído
romper	rompiendo	roto
descubrir	descubriendo	descubierto
poner	poniendo	puesto
decir	diciendo	dicho
hacer	haciendo	hecho
morir	muriendo	muerto

2 a) comer; b) dormir; c) llegar; d) tener; e) hacer; d) estudiar

3 a) de; b) de; c) sin – sin; d) por; e) Para; f) de; g) De; h) para; i) Al

4 abiertas – vestidos – lavado – pintada – interesados – terminada

5 A3; B5 – continúa / sigue; C2 – vamos; D4 – Llevo; E1 – terminó; F6 – sigo / continúo

6 a) Modal. b) Modal. c) Condicional. d) Temporal. e) Causal. f) Concesivo.

7 1. lloviendo; 2. pensando; 3. esperando; 4. llover; 5. pensado; 6. cerrar; 7. esperando; 8. cerrada; 9. trabajar; 10. tener

C Para evitar errores

¡Bienvenidos a una excursión por el río Aragón que va a fascinaros!
¿Te interesa practicar el rafting? Escuchando atentamente nuestras instrucciones te sentirás bien preparado. Te daremos un traje de neopreno que te proteja y te caliente, y por supuesto es muy importante proteger la cabeza. Eso lo haremos poniendo un casco. Siempre es posible caerse de la balsa, pero nadar solo puede ser peligroso. Por eso súbete rápido a la balsa. Participando en esta aventura nos lo pasaremos muy bien. Te estamos esperando.

20 Das Passiv La voz pasiva

A Ya sabes . . .

robadas: femenino y plural como las joyas
buscado: masculino y singular como el ladrón

B Para practicar

b) La película «Volver» fue dirigida por Pedro Almodóvar.
c) El cinematógrafo fue inventado por los hermanos Lumière.
d) El Canal de Suez fue construido por Ferdinand de Lesseps.
e) El Quijote fue escrito por Miguel de Cervantes.

2 b) Una nueva ley que prohibe beber en lugares públicos fue presentada ayer por el gobierno.
c) La fiesta de fin de curso ha sido suspendida debido a la falta de voluntarios para actuar en ella.
d) El menú de bodas de los príncipes de Mondavía será servido por el famoso cocinero Adriano.

3 ¡La ballena se ha salvado!
Finalmente, después de una noche de duro trabajo, los bomberos y voluntarios pudieron salvar a la ballena que llegó a la costa de Guipúzcoa.
Los reporteros locales habían anunciado su aparición cerca de la costa y así habían llamado la atención pública. Voluntarios cuidaron a la ballena hasta que llamaron a los bomberos para pedir su ayuda.

4 son – están – está – son – son – es – está – son – están

5 Paso 1: Se calienta la leche con la canela y la corteza de limón.
Paso 2: Se baten las yemas con el azúcar y la maicena.
Paso 3: Se echa la la leche sobre las yemas, batiéndolas.
Paso 4: Se pone la mezcla anterior al fuego.
Paso 5: Se reparte en cazuelas de barro y se deja enfriar. Se pone una capa de azúcar y se quema con una plancha.

6 a) X Se buscan ayudantes de cocina.
c) X Se harán fotocopias para todos los presentes.
d) X Los medicamentos se distribuirán entre los…
e) X Se necesita mucha paciencia.
h) X Se vende bicicleta.

C Para evitar errores

Buscado y encontrado
Se echa en falta la mochila de una turista alemana, con pasaporte, móvil, tickets, cámara de fotos, dinero…
¿La ha dejado en alguna parte o ha sido robada?
Se busca en todas las tiendas visitadas que ella visitó.
La joven está desesperada. ¿Todo está perdido?

Pocas horas después:
Felizmente la mochila ha sido encontrada en los lavabos del Corte Inglés y dejada en la Información del almacén. Todo está arreglado: la señora que la ha encontrado será recompensada (generosamente), es decir, invitada a una cena riquísima.

21 Präpositionen und Konjunktionen
Las preposiciones y las conjunciones

A Ya sabes…

o – con – sin – a – para – Por – en – desde – por – por – para que

B Para practicar

1 a) X a
b) X en
c) X a
d) X a
e) X en
f) X a
g) X a
h) X a
i) X a
j) X a
k) X en
l) X en
m) X en
n) X de
ñ) X de
o) X de
p) X de
q) X de

2 A2; B1; C4; D3; E5; F6

3 Por – por – por – Por – por – para – por – por – para – para – por

4 a) de; b) de; c) a; d) con; e) a; f) por; g) de; h) a; i) en

5 A4 – de; B9 – por; C1 – al; D2 – al; E10 – por; F3 – sin; G8 – por; H7 – en; I6 – a; J5 – por

6 Conjunciones coordinadas: y, ni… ni, pero
Conjunciones subordinadas: para que, si

7 a) Si; b) aun; c) hasta que; d) con que; e) Mientras; f) para que

8 Querida Elena:
Hoy he ido al cine con mis primos Juan y Ernesto. La película me ha gustado mucho, pero ha sido un poco triste. Además, ni mis primos ni yo hemos entendido el final. Creo que los protagonistas se mueren, pero no estoy segura.
¿Quieres venir conmigo al cine la próxima semana?
Podemos volver a ver la misma película para entender el final, o podemos ir a ver otra. Pero no iremos a la sesión de las cuatro, sino a la sesión de las seis. Así podremos ir a tomar algo antes. Ya me dirás algo, ¿vale?
Besos, Mareike

C Para evitar errores

1 en – en – por – de – de –a – de – de – a – con – de – Por – de – con – a – con – en

2 Hola Eugenia:
¿Qué tal?
Quisiera informarte de mi llegada a Valencia el 2 de agosto a las cinco y media de la tarde.
Me alegro mucho porque la última vez que nos vimos fue en Madrid en 2012.
Espero que lo pasemos muy bien.
Me gustaría mucho ir a la playa por la mañana y nadar en el mar.
¿Tienes ganas de visitar el Museo Fallero conmigo el próximo jueves?
Además, sueño con pasar un día en la Ciudad de las Artes y las Ciencias.
Desgraciadamente, tengo que volver a Alemania el 10 de agosto. Mi hermana Marie se enamoró de un profesor de piano el año pasado y se casará con él el 11 de agosto.
Mi avión saldrá hacia el mediodía.
Hasta pronto, un abrazo
Jonas

22 Direkte und indirekte Rede
El estilo directo e indirecto

A Ya sabes…

estilo directo	estilo indirecto
pretérito perfecto…	pluscuamperfecto de indicativo
pretérito indefinido…	pluscuamperfecto de indicativo
futuro simple…	condicional simple de indicativo
futuro compuesto…	condicional compuesto de indicativo
presente…	imperfecto de subjuntivo
perfecto…	pluscuamperfecto de subjuntivo

1F; 2B; 3A; 4G; 5C; 6D; 7E

B Para practicar

1 b) … se alegra de que podamos celebrar tu cumpleaños todos juntos.
c) … felicidades / te felicita y que pases un buen día.
d) … tiene un regalo para ti.
e) … nos dejemos de tanto hablar y empecemos a comer.

2 a) … que para él lo más importante de aprender otro idioma había sido que le había dado la posibilidad de comunicarse con personas de otras partes del mundo y con otras culturas. Dijo que su pasión era viajar a otros países y conocer a otras personas. Hoy sigue viajando por todo el mundo.
b) … que su hija se había casado con un italiano y vivía en Italia. Dijo que ella esperaba aprender muy pronto italiano y así podría hablar con su nieto. Esperaba que la entendiera aunque su pronunciación fuera mala. Dijo que era muy mayor para aprender otro idioma. Hoy habla italiano perfectamente.

3 fuera – comprara – debía marcar – no tocara – usara – sujetara – debía aprender – era – aprendiera – observara – tenían

C Para evitar errores

1 ir – vienen – llevar – ir – Ir – vienen – traen – llevar – ir

2 … si tenía ganas de ir al cine conmigo. Contestó que no podía y explicó que sus padres venían a las ocho y que los quería llevar al teatro. Quiso saber si yo tenía ganas de ir con ellos. Dijo que me animara y añadió que cada vez que iban a verla le llevaban muchos regalos. Explicó que para agradecerles quería llevarlos a un sitio interesante. Dije que estaba de acuerdo y que podíamos ir todos juntos a ver el espectáculo.

23 Besonderheiten der spanischen Sprache Las particularidades de la lengua española

A Ya sabes …

Soy una chica valiente de Berlín.
Estoy por primera vez en España.
He llegado hace solo media hora.
Estoy bastante sorprendida de que haya tanta gente aquí.
Estoy muy orgullosa: he podido pedir un café yo sola.

B Para practicar

1 A4; B3; C7; D9; E1; F2; G8; H5; I6; J10

2 a) 1.; b) 4.; c) 6.; d) 7.; e) 10.; f) 12.; g) 13.; h) 16.; i) 17.; j) 19.

3 es – Es – fue – Es – está – está – Es – es – está – es – estará – están

4 Estoy – es – Hay – hay – hay – hay – están – Es – son – hay – es – Está – son – es – está – Estoy – estoy

5 se ponía – Quería ser – Se ha hecho – se ha convertido – se ha hecho – se pone – Se ha vuelto

6 b) Se ha hecho viejo.
c) Se ha quedado ciega.
d) se convirtió en un príncipe.
e) Se volvió loco.
f) Se ha quedado viudo.
g) Se ha hecho rico.
h) Se ha hecho famosa.
i) Se ha vuelto ecologista.

C Para evitar errores

1 a) Te las; b) prestárselo – me la; c) enseñarselos; d) Dámelos; e) se lo

2 A7; B8; C1; D6; E2; F3; G4; H5; I10; J11; K9

3 a) Acabo de ver una película que es genial.
b) lEstoy viendo una película fantástica.
c) Estoy por ver esa película, pero no sé …
d) lSigo viendo la película a pesar de ser tan tarde y tener que levantarme mañana pronto.
e) Vuelvo a ver Casablanca. ¡Me encanta!

24 Zahlen und Uhrzeit Las cifras y la hora

A Ya sabes …

bestimmten Begleiter la / las – in Singular – y – (y media) – menos

B Para practicar

1 dos mil doce – novecientos treinta mil doscientos – seis millones – setecientos treinta y siete mil quinientos – veinte – veinticuatro – ciento noventa y dos mil setecientos – dieciséis – diecinueve

2 treinta – nueve – veintiún – quince – diez – treinta y tres – diecisiete

3 1. Julia llega la primera.
2. Pedro llega el segundo.
3. Sofía llega la tercera.
4. Matías llega el cuarto.
5. Patricia llega la quinta.
6. Elena llega la sexta.
7. Miguel llega el séptimo.
8. Mónica llega la octava.
9. Pablo llega el noveno.
10. Andrés llega el décimo.

4 ¼ kg de jamón: un cuarto de kilo de jamón
1 ½ kg de manzanas: un kilo y medio de manzanas
2 l de leche: dos litros de leche
100 g de queso: cien gramos de queso
2 naranjas: dos naranjas

5 a) 30 minutos / Media hora.
b) A las 13:30 / A la una y media.
c) A las 15:00 / A las tres.
d) 90 minutos / Una hora y media.

C Para evitar errores

el uno / el primero de agosto – a las diez y media de la noche – setenta y uno